中小学生法治教育主题班会设计

谷力群 陈 亮 主编

清華大学出版社
北 京

内 容 简 介

本书内容丰富多样，涵盖了法治教育的多个方面。从法律意识的培养到法律实践的探索，每个主题都以生动有趣的形式呈现，让学生能够轻松理解和接受。同时，每个主题都提供了丰富的班会活动和讨论题目，以及相关的教学资源和课堂活动建议，方便教师组织开展班会教育活动。

本书模块清晰，语言简洁明练，通俗易懂，适用于开展中小学生班会。

图书在版编目（CIP）数据

中小学生法治教育主题班会设计 / 谷力群，陈亮主编 . -- 北京 : 清华大学出版社，2025. 6. -- ISBN 978-7-302-69502-8

Ⅰ. G633.262

中国国家版本馆 CIP 数据核字第 2025P9Q861 号

责任编辑：刘思含
封面设计：傅瑞学
责任校对：赵琳爽
责任印制：刘海龙

出版发行：清华大学出版社
网　址：https://www.tup.com.cn，https://www.wqxuetang.com
地　址：北京清华大学学研大厦 A 座　　**邮　编**：100084
社总机：010-83470000　　**邮　购**：010-62786544
投稿与读者服务：010-62776969, c-service@tup.tsinghua.edu.cn
质量反馈：010-62772015, zhiliang@tup.tsinghua.edu.cn
印 装 者：小森印刷（天津）有限公司
经　销：全国新华书店
开　本：185mm×260mm　　**印　张**：7.25　　**字　数**：138 千字
版　次：2025 年 8 月第 1 版　　**印　次**：2025 年 8 月第 1 次印刷
定　价：39.90 元

产品编号：103289-01

序

谷力群教授带领的团队编写的《中小学生法治教育主题班会设计》即将由清华大学出版社出版，该书内容丰富、涵盖面广、可操作性强，为广大中小学教师提供了扎实的理论基础和科学的班会课程设计指南。

2012 年，党的十八大提出把立德树人作为教育工作的根本任务，恰逢其时，北京师范大学资深教授林崇德带领全国的研究团队通过多维度的研究方法，建构了中国学生发展核心素养体系总框架，标志着中国教育改革进入了一个新阶段，即教育改革的“3.0 时代”。作为一套有系统规划设计、指向 21 世纪育人目标的体系，中国学生发展核心素养的建构具有非常重要的意义和价值，它从多个途径和多个角度引导整个教育系统的变革：指导课程改革、指导教学实践、引导学生学习、指导教育评价。它不仅有助于落实立德树人的根本目标，也为课程改革和育人模式变革提供了方向，有助于提升“大思政课”的教育质量和效果。我有幸参与了研发的过程，同时也结合了我们团队长期研究儿童、青少年健全人格和创造性人格的成果。“核心素养”的丰富完善和最终落实，需要教育系统内外的共同努力，这是一个不断推进和层层落实的复杂过程。《中小学生法治教育主题班会设计》基于核心素养体系的总框架应运而生，旨在以班会课堂为重要的教育载体，为中小学教师提供一套系统的方法，有效提高班会课堂的利用率，促进学生的全面发展，切实地落实核心素养培养。

班会课堂是基础教育中一个独特的存在，它不仅是我国学生集体活动的场所，更是学生自我教育、自我管理的重要平台。通过班会，学生可以建立集体意识，促进身心发展，培养良好习惯。然而，在现实教学中，班会往往容易被忽视，甚至被误用，这浪费了教育资源和教育的良机，而《中小学生法治教育主题班会设计》正好为中小学教师提供了很好的抓手。

谷力群教授主编的这本书具有以下三个特点。

一是理论性和本土性的统一。本书以中小学生核心素养为基础，从核心素养的三大方面、六个维度和十八个具体内容出发，设计出了符合新课标、理论根基深厚的主题，目标是培养全面发展的人。全书不仅仅关注知识的传授，更注重必备品格和关键能力的培养，以适应社会和终身发展的需要。班会本身也是我们国家基础教育中的特色活动，大多数活动的素材都源于中华民族的传统文化。

二是思想性和实践性的统一。本书是落实“核心素养”的一个尝试，以“一个主题多个实操案例”为特色，班会主题与国家教育方针相一致，实操案例丰富，满足不同学龄段的教学需求。书中提供了详尽的案例，辅以课程设计理念与方法的介绍，助力班会的高质量开展，既有思想性又有实践性。

三是文字和数字化的统一。目前 90 后和 00 后已经成为中小学教师中的骨干力量，为了适应他们的教学特点，也为了节约教师们的时间，本书与时俱进，突出了内容的前沿性和使用手段的数智化，书中不仅提供文字材料，还配套了丰富的多媒体资源，包括视频、PPT 等。

教育是一项系统工程，需要我们不断地探索和实践。《中小学生法治教育主题班会设计》的出版，是对基础教育事业的一份贡献。我相信，这本书的出版，能够激发更多的教育工作者落实核心素养体系，提高基础教育教师对学生身心发展规律的认识，共同推动我国教育事业的发展。

刘文
中国心理学会认定的心理学家
世界学前教育组织（OMEP）中国委员
中国社会心理学会常务理事
中国心理学会理事
中国教育学学校教育心理学分会常务理事

前　言

2022年4月21日，教育部印发《义务教育课程方案和课程标准（2022年版）》。此次修订强调“知识与技能、过程与方法以及情感态度与价值观”三位一体的课程功能，提倡考虑学生在主题活动中完成学习任务，获得知识和解决问题的能力，亲历实践、探究、体验、反思、合作、交流等深度学习、体验式学习过程。目前，国家尤为关注学生的全面发展和健康成长。学校作为教育主阵地，要与时俱进，更新教育理念，增强课程的综合性、实践性，实现育人方式的变革，着力发展学生的核心素养。在课程设计中，班会课堂是一个非常值得研究和开发的领域。但班主任对主题班会缺乏研究和实践，接触少，用得少，往往把班会课上成了自习课、家长会、联欢会，浪费了主题班会这个让学生进行自我教育的好机会，也丢失了主题班会这个有力的教育工具。为此，我们编写了本书。

本书精心设计班会主题和内容，引导学生深入了解法治的基本原则和核心价值观，培养他们的法律意识和法治精神。每个班会主题都紧密结合学生的日常生活和学习实际，旨在激发学生的学习兴趣和参与热情，帮助他们理解法律在他们生活中的重要性和作用。

我们真诚希望本书能够为教师，特别是班主任提供有力的支持和指导，帮助他们更好地进行法治教育，培养学生的法律素养和社会责任感。

编　者

2025年5月

扫码获取图书配套资源

目 录

1.“国家宪法日”主题班会

每年的 12 月 4 日，是我们国家的“国家宪法日”，这是一个非常重要的日子。

首先，让我们来了解一下宪法是什么。宪法是国家的最高法律，它规定了国家的政治制度、公民的权利和义务，以及政府的职责和权力。宪法保护了我们每个公民的基本权利，例如言论自由、平等权利和受教育权利等。

国家宪法日提醒我们要尊重和遵守宪法，同时这也是一个重要的学习机会。通过深入了解宪法，我们可以更好地了解我们的权利和责任，也能够更好地建设我们的社会。

在本章班会中，我们将一起学习宪法的基本原则和价值观，探讨宪法对我们的意义和影响。我们会通过小组讨论、角色扮演和游戏等方式来加深对宪法的理解和认识。

我希望大家能积极参与，提出自己的观点和想法。让我们一起学习和探索宪法的真义，明白宪法对我们的重要性，以及如何在日常生活中践行宪法。

互动交流 1　什么是宪法

在一个明媚的冬日，一年一度的“国家宪法日”即将到来，老师在课堂上讲述了宪法的重要性，这让小明心中萌生了一个想法：他想要更真切地感受宪法的力量。他决定去亲身体验宪法的重要性。他找到了他的好朋友小芳，邀请她加入。小芳听了小明的想法，眼睛里闪烁着兴奋的光芒，她立刻答应了。

在一次普法活动中，他们向一位法官请教：“法官叔叔，你们审案子依据的是宪法吗？宪法究竟是什么？”法官微笑着，耐心地解释道：“宪法就像我们国家的根基，它规定了国家的制度，保护着我们每个人的权利，让我们每个人都能在公平和正义中生活。我们审案子的时候必须以法律为依据，包括宪法，同时也包括民法、刑法、未成年人保护法等。”小明和小芳听得入了迷，他们开始明白，宪法就像是一把大伞，保护着每一个人。

随后，他们回到了自己的学校。在学校的走廊上，他们看到墙上挂着的规章制度。小明指着规章制度问老师：“宪法和这些规章制度有什么区别呢？”老师微笑着回答：“宪法是国家的最高法律，它适用于整个国家，保护每个人的权利。而学校的规章制度是为了维护学校的秩序而设立的，它帮助你们更好地学习和成长。”

通过这次体验，小明和小芳深刻体会到了宪法的重要性，明白了宪法的崇高地位和它对每个人的重要意义。他们决定与其他同学分享他们的经历，一起学习宪法，尊重宪法，成为懂法守法的好学生。

活动

（1）小组讨论：将学生们分成小组，让他们就宪法相关的问题进行讨论和交流。可以提出一些情景案例，让学生们思考如何运用宪法原则解决问题，并鼓励他们分享自己的观点和想法。

（2）视频展示：播放一些与宪法相关的动画短片或视频，让学生们运用视觉和听觉感受宪法的重要性和意义。观看之后，请学生们进行讨论，引导他们思考宪法对其生活的影响。

（3）手工制作：让学生们参与制作一些与宪法相关的手工作品，如宪法标语牌、宪法书签等。通过动手制作，学生们能够更加深入地理解宪法的内容，并将其内化为自己的思考和行为准则。

评析

对小学低年级学生来说，宪法是一个较为抽象和复杂的概念。因此，在开展宪法主题班会时，需要根据学生的年龄特点和认知水平进行适当的设计和引导。

互动交流2　宪法保护的基本权利

一天，小曹带着一本关于宪法的图画书来到了公园，他坐在草地上，开始阅读。他发现宪法保护了很多重要的权利，包括言论自由和平等权、合法的私有财产权和经营自主权，以及选举权和依法集会的权利等。

小曹觉得这些权利非常重要，于是他决定通过编一个小故事来帮助自己和其他小朋友更好地理解宪法保护的基本权利。

故事中，小曹和他的好朋友小华一起参加了学校的班级竞选活动。小曹作为候选人，他非常热情地向同学们介绍自己的想法和计划。他们有权利自由地表达自己的观点，并且每个人都有平等的机会参与竞选。

小曹遇到了一个小商贩，他在街边卖自己种的水果。小曹喜欢这个小商贩的水果，于是决定用自己的零花钱购买一些。他明白宪法保护了合法的私有财产权和经营自主权，所以他可以自由选择购买和支持自己喜欢的产品。

最后，小曹和小华还参加了学校组织的一个集会活动。在活动中，他们与其他同学一起唱歌、跳舞和玩游戏，享受着集体的快乐。他们明白宪法保护了他们参与集会和组织活动的权利，他们感到非常自由和快乐。

通过这个小故事，小曹和其他小朋友更好地理解了宪法保护了哪些基本权利，明白了这些权利对个人和社会的重要性，并决心积极行动，维护和推广这些权利，为社会的进步和发展做出贡献。

活动

（1）图片展示：展示一些相关的图片，如言论自由、平等权、选举权等方面的图片，让学生们观察并描述其中展示的基本权利。通过图片展示，引导学生们认识到宪法保护的基本权利的多样性。

（2）绘画活动：让学生们通过绘画来表达对宪法保护的基本权利的理解和感受。可以提供一些画纸和颜料，让他们自由绘制与基本权利相关的图画，然后请他们分享自己的作品并解释其中的含义。

① 绘画形式：彩色即可，不限绘画形式（如彩笔画、水粉画等皆可）。

② 绘画材料准备：各种形式的画笔、适用纸张。

③ 绘画内容：言论自由、平等权、选举权等。

④ 小组人员及工作分配：前后桌四人一组并将桌子拼在一起，选出小组长，并划分区域进行任务分配。

⑤ 注意事项：绘画内容应简单易懂，提醒学生注意时间（10~15 分钟）。

⑥ 小组讨论：如何在画中体现对宪法保护的基本权利的理解和感受。

⑦ 班级分享：小组推选出优秀作品并派代表向班级同学分享心得。

⑧ 全员评审：请学生对推选出的作品进行评价。

（3）宪法知识问答：设计一些相关的知识问答，让学生积极参与回答问题。可以采用抢答、小组竞赛等方式，激发学生的学习兴趣，并加深他们对宪法保护的基本权利的理解。

评析

我们通过图片展示的形式来介绍宪法保护的基本权利，让学生了解每项权利的意义和重要性。同时，绘画和知识问答环节，强化了对宪法内涵的学习和理解，让学生能够牢记相关的知识点，进而指导今后的行动。本节活动鼓励学生表达自己的观点和意见，让他们明白每个人都应该受到平等对待，互相尊重和支持。通过小组讨论或角色扮演等活动，学生体验到言论自由和平等权的重要性，并理解这些权利是宪法所保护的。

互动交流 3 模拟“宪法制定”活动

活动目的

通过体验式活动，增强学生对宪法的了解，提高其宪法意识；培养学生的法治意识和法律素养；让宪法专业知识“入脑入心”，充分展示“真正意义上的人民宪法”的宗旨。

活动准备

（1）角色分配：将学生分配为不同的角色，包括法律专家、人大代表、普通公民等。

（2）背景介绍：通过视频、图片和讲解，简要介绍宪法的历史背景和重要性。

（3）资料准备：准备相关的历史资料、宪法草案等，供学生参考。

活动内容

（1）模拟宪法起草

① 角色扮演：学生扮演不同角色，模拟宪法起草的过程。

② 讨论环节：各小组讨论宪法草案中的关键条款，如国家的性质、公民的基本权利和义务等。

③ 草案提交：各小组提交草案，并进行交流。

（2）模拟全国人民代表大会审议

① 模拟人大会议：学生扮演人大代表，对各小组提交的草案进行审议。

② 辩论环节：对草案中的争议条款进行辩论，模拟真实的审议过程。

③ 投票表决：通过模拟投票，决定草案的通过与否。

（3）模拟宪法公布实施

① 宪法公布：宣布通过的宪法草案，并进行模拟的宪法宣誓仪式。

② 宪法解读：法律专家对通过的宪法进行解读，解释其意义和作用。

③ 公民参与：普通公民共同学习宪法、宣传宪法等。

活动总结

（1）分享体验：学生分享自己的体验和感受。

（2）教师点评：教师对活动进行点评，强调宪法的重要性。

（3）颁发证书：为表现突出的同学颁发奖励证书，以示鼓励。

注意事项

（1）确保活动过程中尊重宪法和法律，不发表不当言论。

（2）活动应以教育和体验为主，避免过度娱乐化。

（3）活动结束后，鼓励同学们将所学知识应用到实际生活中，积极参与法治建设。

评析

宪法的制定是一件非常严肃且重大的事情，有完整的程序和明确的要求。学生通过体验式活动，不仅能够了解宪法的制定过程，还能提高法治意识，更加尊重和遵守宪法。

互动交流4 “宪法在我心中”系列活动

活动时间

国家宪法日所在的一周，即12月的第一周。

活动内容

（1）宪法晨读活动

时间：国家宪法日当天早晨。

内容：组织学生集体朗读宪法部分条款。

形式：可以邀请校领导、主管法治工作的副校长或法律专家领读，以增强活动的严肃性和教育意义。

（2）宪法知识在线学习

时间：宣传周内。

内容：利用教育部全国青少年普法网等在线资源，组织学生进行宪法知识的学习。

形式：学生可以自主学习，完成学习后可以获得“宪法卫士”称号。

（3）宪法知识竞赛

时间：宣传周内的某一天。

内容：举办宪法知识竞赛，题目涉及宪法的基本原则、历史、作用等。

形式：可以班级为单位组队参加，通过必答和抢答环节增加互动性和趣味性。

（4）宪法主题绘画 / 手抄报比赛

时间：宣传周内。

内容：鼓励学生通过绘画或手抄报的形式表达对宪法的理解和感受。

形式：作品可以在校内展示，优秀作品可以在学校官网或公众号上发布。

活动总结

活动结束后，组织学生进行反馈和总结，讨论活动中的收获和不足。将活动照片、学生作品等进行整理，在学校网站或公众号上进行展示。

评析

遵纪守法的前提是知法懂法。通过宪法知识的系列宣传活动，不仅能够提高学生对宪法的认识，还能培养他们的法治意识和社会责任感，让宪法精神真正成为他们行动的准则。

扩展习题

1. 宪法（　　）。

A. 是总法典　B. 是普通法律　C. 是根本大法　D. 不是法

2. 世界上的第一部宪法是（　　）。

A. 英国的宪法　B. 法国的宪法　C. 美国的宪法　D. 俄国的宪法

3. 我国现行宪法是由全国人民代表大会于（　　）年通过的。

A. 1954　B. 1975　C. 1978　D. 1982

4. 我国宪法规定的政党制度是（　　）。

A. 一党制

B. 多党制

C. 多党合作制

D. 中国共产党领导的多党合作和政治协商制度

5. 凡具有中华人民共和国国籍的人都是中华人民共和国（　　）。

A. 人民　B. 居民　C. 公民　D. 国民

6. 宪法是一部什么样的法律文件？（　　）

A. 最高法律　B. 最低法律　C. 民法法典　D. 刑法法典

7. 宪法保护了公民的哪些基本权利？（　　）

A. 言论自由　B. 宗教自由　C. 平等权　D. 所有以上

8. 国家宪法日的庆祝活动通常包括哪些内容？（　　）

A. 宣誓仪式　B. 宪法演讲　C. 宪法知识学习　D. 所有以上

9. 宪法是由（　　）制定和修改的。

A. 总统　B. 全国人民代表大会

C. 政府　D. 军队

10. 宪法保护了公民的隐私和（　　）。

A. 财产权　B. 人身自由　C. 生命权　D. 所有以上

11. 国家宪法日的庆祝活动中，学生们可以通过参加（　　）等方式来了解宪法的重要性。

A. 宪法知识竞赛　B. 演讲比赛

C. 绘画比赛　D. 所有以上

答案：CADDC ADDBD D

2.“国际禁毒日”主题班会

毒品对人类社会是一种巨大的公害，它不仅威胁到人们，尤其是年轻人的身心健康，更对社会的稳定、经济的发展和社会的进步构成了严重的威胁。在中国近代史上，毒品给中华民族带来了重大的灾难。现在，毒品问题与恐怖主义、艾滋病一同被视为全球性重大威胁。我们必须认识到，虽然世界各国在禁毒斗争上已经取得了一些成果，但是形势依然非常严峻。

在本章的班会中，我们将一起了解有关禁毒的基本知识，探讨《中华人民共和国禁毒法》对我们的意义和影响。希望大家能积极参与，提出自己的观点和想法。让我们一起学习和探索《中华人民共和国禁毒法》的内容，明白《中华人民共和国禁毒法》对我们的重要性。

互动交流 1 制定《中华人民共和国禁毒法》的原因

小曹一直是一个好奇心特别强的孩子，什么事情都喜欢问个明白。一天，他在电视新闻上听到了关于《中华人民共和国禁毒法》的相关报道，心生疑惑。于是，他找到了爸爸，好奇地问：“爸爸，《中华人民共和国禁毒法》是什么呀？”

爸爸看着小曹，微笑着开始向他解释：“小曹，你知道毒品是什么吗？毒品是一种极度危害人们身心健康的东西，它会让人上瘾，严重的甚至会危及生命。而且，毒品还会破坏我们社会的和谐稳定，引发各种犯罪行为。因此，我们的国家为了保护人民群众的生命财产安全，维护社会公共秩序，防止毒品危害，特别制定了一部法律，这就是《中华人民共和国禁毒法》。”

爸爸接着说：“《中华人民共和国禁毒法》严厉禁止任何单位和个人非法种植、制造、贩卖、运输、携带、吸食毒品。同时，《中华人民共和国禁毒法》还规定了对违法行为的惩罚措施。这些措施包括罚款、拘留、监禁甚至死刑，惩罚力度非常大。我们的国家对毒品问题采取零容忍的态度，必须用严厉的法律手段来打击毒品犯罪。”

听完爸爸的解释，小曹恍然大悟，他点点头说：“原来《中华人民共和国禁毒法》是为了保护我们，让我们远离毒品的危害，我以后一定要遵守法律，远离毒品！”

小曹决定要好好学习，为自己的成长和社会的进步作出贡献。

从那天起，小曹在学校里，不仅认真学习课本知识，也积极参加各种法治教育活动，将《中华人民共和国禁毒法》的知识传播给更多的同学。小曹和同学们为营造无毒的校园环境共同努力。

活动

（1）自由探讨：将学生们分成小组，让他们就《中华人民共和国禁毒法》的实施、禁毒宣传等方面进行讨论，并在一定时间后让每个小组派代表发表观点。小组讨论可以激发学生们的思维能力和团队合作精神。

（2）视频播放：播放一些与《中华人民共和国禁毒法》相关的视频，例如真实案例、禁毒宣传片等，并围绕视频内容与学生们进行讨论。可以询问学生对视频中情节和主题的理解，引导他们思考毒品对个人和社会的危害，并与他们分享相关的统计数据和案例。

评析

毒品对人体的危害极大，长期吸食或注射毒品会导致严重的身体和精神疾病，甚至危及生命。同时，毒品犯罪活动往往伴随着暴力、腐败等社会问题，严重破坏了社会的稳定和安宁。所以一定要尽早让学生们了解毒品的危害，掌握禁毒的知识，树立禁毒的意识，预防为主，防患未然。

互动交流 2 不同种类的毒品

在一个阳光明媚的下午，社区警察李警官带着一些教育展板来到了教室。他将给同学们讲一个重要的话题——“毒品的真面目”。李警官首先展示了一张鸦片的图片，鸦片是一种从罂粟中提取的毒品，它有着悠久而黑暗的历史。李警官问：“同学们谁能说一下这是什么毒品？”

小朋是个活泼的男生，总是喜欢抢答。他主动举手说：“是鸦片。”“回答正确，是鸦片”，李警官为小朋点赞，之后说“在 19 世纪，鸦片曾给许多国家带来深重的灾难，我们国家更是深受其害。1839 年，林则徐在广东虎门展开禁烟行动，查禁并焚毁了大量鸦片，这一行动对外国不法商人产生了极大的震慑作用。然而，这一行动也触动了英国等国的利益，为了保护其鸦片贸易的利益，英国对中国发动了侵略战争。清政府在英军的军事压力下，最终屈服，签订了《南京条约》——中国近代史上第一个丧权辱国的不平等条约。大家说毒品的危害大不大？”“大！”伴随着李警官的讲述，同学们陷入了深深的思考。

接着，李警官又拿出了海洛因的图片，告诉同学们“海洛因是一种更为危险的半合成毒品，通常呈白色粉末状。它的成瘾性极高，对中枢神经系统有极强的抑制作用，长期使用可导致严重的身体和心理依赖”。当同学们看到“冰毒”的图片时，李警官的语气变得更加严肃：“冰毒也是一种合成毒品，主要成分为甲基苯丙胺。它的外表可能看起来很无害，像普通的晶体，但它的危害性极大，会对大脑造成永久性损伤。”

李警官看了看同学们，问道：“大家还知道哪些毒品或者新型毒品？”班上的学习委员小华是一个沉稳的少年，他认真思考后举手回答说：“根据《中华人民共和国禁毒法》，毒品的范围非常广泛，不仅包括传统的毒品，如鸦片、海洛因、吗啡、大麻、可卡因等，还包括合成的毒品，如甲基苯丙胺（俗称“冰毒”）等。另外有一些能够使人上瘾或成癖的麻醉药品和精神药品也需要严格按照法律进行管制。”小华的一番话，引起了同学们一阵热烈的掌声。李警官也高兴地竖起了大拇指。在李警官离开之前，他给每个同学都发了一张小卡片，上面列出了各种毒品的图片和名称，以及一些警示性的标语。他鼓励同学们把这张卡片带回家，与父母一起交流，让更多人了解毒品的危害。

活动

提问环节：在讲解的过程中，不断提出问题让学生思考和回答。例如，可以询问学生们对毒品有什么了解，他们认为实施《中华人民共和国禁毒法》的目的是什么，等等。也可以进行毒品种类接龙小游戏，看谁能说出更多毒品种类。或是进行分组讨论小竞赛，一组负责说出毒品种类的名称，另一组说出对应毒品的危害。通过提问、小游戏或是小竞赛，可以激发学生的兴趣和思考，提高他们参与的积极性。

评析

珍爱生命，远离毒品。要杜绝毒品的危害，就要从认识和辨别毒品开始。同学们通过专业人员的讲解，能够清晰地知道毒品可能以不同的形式出现，它们可能隐藏在糖果、饮料甚至是普通的药片中。最重要的是，同学们要提高认识，保持警惕，拒绝毒品的诱惑。

互动交流 3 毒品的危害

吸毒的危害十分大。涉毒对青少年来说，无疑是人生中的一场灾难。吸毒严重危害人体的身心健康，甚至会加速死亡；还会造成人格扭曲，引发自残及自杀等行为。吸毒诱发犯罪，破坏正常的社会和经济秩序，影响社会稳定。吸毒者在耗尽个人和家庭钱财后往往会铤而走险，走上违法犯罪的道路，进行贪污、诈骗、盗窃、抢劫以及凶杀等犯罪活动。小曹编写了一个小剧本，让同学们认识到毒品的危害。

小剧本名称:《迷失与觉醒》

场景设定：在一所普通的中学校园，学生的生活因为毒品的介入而发生了翻天覆地的变化。

人物角色

李明——男主角，一个成绩优异但内心孤独的中学生。

张华——李明的好友，性格开朗，但容易受人影响。

王老师——学校的心理老师，关心学生，有洞察力。

小玲——李明的同学，阳光活泼，喜欢帮助别人。

阿强——校外的不良青年，诱导学生吸毒。

剧本正文

场景一：学校操场

（学生们在操场上做早操，李明和张华在队伍中交谈。）

张华：（兴奋地）明哥，听说了吗？周末有个超酷的派对，去不去？

李明：（犹豫）我……我不确定，我妈可能不让我晚上出去。

张华：（怂恿）哎呀，偶尔放松一下嘛。听说派对上有很多好玩的，还有……（神秘地）一些特别的东西。

李明：（好奇）特别的东西？

张华：（眨眼）你懂的，那种让人飘飘欲仙的东西。

李明：（担忧）那不是毒品吗？我听说那东西很危险。

张华：（不以为然）没那么夸张，偶尔试一次不会怎样的。

（王老师注意到两人的交谈，眉头紧锁。）

场景二：派对现场

（昏暗的房间，音乐震耳欲聋，阿强在角落里偷偷给张华一包白色粉末。）

阿强：（狡猾地）试试这个，保证你忘掉所有烦恼。

张华：（犹豫）这……这真的没事吗？

阿强：（自信）当然，你看我，不是好好的吗？

（张华在阿强的怂恿下尝试了毒品，不久开始出现幻觉。）

场景三：学校教室

（第二天，张华显得疲惫不堪，李明注意到了他的异常。）

李明：（关心）华子，你昨晚怎么了？看起来很累。

张华：（回避）没……没事，就是没睡好。

李明：（怀疑）真的吗？你昨晚是不是……

张华：（打断）别说了，我没事。

（王老师走进教室，注意到张华的状态。）

王老师：（严肃）张华，你跟我来一下。

场景四：心理老师办公室

（王老师和张华面对面坐着。）

王老师：（温和但坚定）张华，你昨晚是不是做了什么不该做的事？

张华：（紧张）没……没有，老师，我什么都没做。

王老师：（直视）我知道你是个好孩子，但毒品会毁了你的未来。你愿意告诉我真相吗？

张华：（哭泣）老师，我错了，我昨晚……我昨晚吸毒了。

王老师：（安慰）没关系，承认错误是第一步。我们会帮你的。

场景五：学校多功能厅

（学校组织了一次毒品教育讲座，李明和小玲在台下认真听讲。）

讲师：（严肃）毒品不仅会破坏你的身体，还会摧毁你的家庭和未来。我们必须坚决拒绝。

（张华在后排默默流泪，王老师坐在他旁边，拍拍他的肩膀。）

场景六：学校操场

（一个月后，学生们在操场上进行体育活动，张华看起来精神了许多。）

小玲：（鼓励）张华，你最近看起来好多了。

张华：（感激）是啊，多亏了王老师和大家的帮助。我再也不会碰那种东西了。

李明：（坚定）我们都要远离毒品，珍惜现在的生活。

（学生们一起在操场上奔跑，阳光洒在他们脸上，充满了希望和活力。）

场景七：学校门口

（阿强试图再次接近学生，被王老师和保安拦住。）

王老师：（严厉）你不能再来这里了，我们会保护我们的学生。

阿强：（不甘心）哼，你们阻止不了一切。

保安：（果断）请离开，否则我们将报警。

（阿强悻悻离开，学生们在老师的带领下，更加坚定地走向了健康的生活。）

结尾旁白：毒品的危害远比我们想象的要大，它不仅会破坏个人的健康和未来，还会给家庭和社会带来巨大的伤害。让我们携手抵制毒品，共同守护我们美好的生活。

活动

（1）角色扮演：将学生分成小组，让他们进行角色扮演。引导学生通过角色去了解毒品对个人、社会、国家的危害，并了解我国禁毒的历史。

（2）手工制作：让学生参与制作一些与禁毒相关的手工作品，如禁毒标语牌、禁毒书签等。通过动手制作，学生能够更加深入地理解《中华人民共和国禁毒法》的内容。

（3）课后作业：让学生从历史的角度，去分析毒品的危害。

评析

通过角色扮演的方式使学生了解毒品的危害，并鼓励学生思考，说出自己的观点及看法，从而让他们提高警惕，远离毒品。

互动交流 4　国际禁毒日

班级里的一群学生在讨论国际禁毒日的相关问题。

小何：国际禁毒日是哪一天呢？

小红：每年的 6 月 26 日。

小宁：它的全称是什么？

小何：禁止药物滥用和非法贩运国际日，又称国际反毒品日。

小月：国际禁毒日是哪一年设立的？

小宁：1987 年。

小雷：第一个国际禁毒日的口号又是什么呢？

小宁：“爱生命，不吸毒”。

小何：为什么会设立国际禁毒日？

小雷：引起世界各国对毒品问题的重视，同时号召全球人民来共同解决及宣传毒品问题。

小月：国际禁毒日都有什么活动呢？

小雷：每年的国际禁毒日前后，各级政府都会通过报刊、广播、电视等新闻媒介及其他多种形式集中开展禁毒宣传活动。

小宁：每年都有一个口号或主题吗？

小雷：是的。2025 年国际禁毒日的主题是“健康人生，绿色无毒”。

小月：我们是不是也可以搞一个活动，来宣传禁毒。

小何：当然了。

于是大家紧锣密鼓地开展了一次活动，这次活动结束后，大家感到非常开心。他们知道，虽然自己只是个学生，但已经为禁毒做出了自己的贡献。他们希望通过自己的努力，让更多的人了解毒品的危害，远离毒品，过上健康幸福的生活。

评析

通过交流讨论的形式，让学生深入了解国际禁毒日的有关知识，使学生知道国际禁毒日的重要性和意义，并明确在国际禁毒日这一天，作为学生可以参与哪些活动。

同时，培养学生向周围人宣传禁毒的重要性及意义的能力。

互动交流5 “嗨气球”与K粉

赵老师是一位深受学生敬爱的老师。最近学校正在进行《中华人民共和国禁毒法》的普法活动，他在讲解《中华人民共和国禁毒法》的过程中，巧妙地将抽象的法律条文与生活实际相结合，用生动的案例引出一些贴近生活、贴近实际的问题。因为他深知，只有让学生们理解并记住这些法律知识，才能真正帮助他们在今后的生活中不走入误区。

一次，他向学生们提出一个问题：“‘嗨气球’与K粉是毒品吗？”这个问题提出之后，班级陷入了沉默。同学们纷纷低头思考起来，脸上布满了思索的神情。这个问题对他们来说既新鲜又富有挑战性，因为这两个名词在他们的生活中并不常见。但他们知道，这些名词背后隐藏的危害可能随时侵入他们的生活。因此，他们都非常认真地思考着，眉头紧锁，脸上的表情也显得异常严肃。赵老师希望通过这种方式，让每一个学生都能够深刻地理解《中华人民共和国禁毒法》，让他们在遇到这些问题时，能够有自己的思考，明确自己的立场，坚决远离毒品。

班上一位活泼机灵的女孩勇敢地举起手，大胆地表达自己的观点。她清晰地说：“我听说过，‘嗨气球’虽未被我国列入毒品目录，但属于危险化学品。”

赵老师听后，眼神中闪过一丝赞许。他轻轻地点了点头，表示正确。赵老师欣赏她的勇气和智慧，她不仅敢于表达自己的观点，还能准确地把握问题的关键。赵老师的肯定，让她绽放出自信的微笑。这个答案也引起了其他同学的共鸣，他们纷纷点头表示认同。

然后，一个平时话不多却总是深思熟虑的男生也慢慢地站了起来。他的眼神坚定，声音中充满了决心，他认真地说：“K粉是毒品。”赵老师看着他，微笑了一下，表示他答对了。

紧接着，赵老师开始详细地解释，“嗨气球”实际上是一种含有笑气的气球。这种看似无害的物品，如果被吸入人体，会使人产生短暂的快感，但是长期吸入却会对神经系统造成不可逆的损伤，如记忆力减退、注意力不集中，甚至引发精神。后果是非常严重的，可能对人的一生产生影响。他接着说，K粉是我国明令禁止的精神类药品，这种药品的滥用会引发幻觉、认知障碍，严重时可导致呼吸衰竭而死亡。这些物质对人的身心健康破坏极大，人们必须远离它们。赵老师的话让学生们认识到，无论是“嗨气球”还是K粉，都是非常危险的，他们必须远离，以自己的生命为重。

赵老师的讲解让同学们明白了“嗨气球”和K粉的危害，明白了毒品的恶劣。他们也都记住了赵老师的话：远离毒品，珍爱生命。他们明白，生命是无价的，不能因为一时的快感，就轻易去冒险。大家也明白了普及《中华人民共和国禁毒法》的意义：

毒品预防教育关乎每个人的生命健康，拒绝毒品是对自己、家庭和社会负责的表现。

活动

（1）问答形式：向学生提出一个关于毒品的问题，让学生自由回答讨论，表达自己的观点，在表达中加深印象，了解更多的知识。

（2）辨别毒品：组织学生学习通过图片辨别毒品，然后进行毒品辨别小游戏。

评析

通过提问的方式（如快问快答），让学生了解毒品的危害性，促使学生思考如何拒绝毒品，抵制身边人的蛊惑与诱导，从而远离毒品。最后，通过辨别毒品的小游戏，进一步加深学生对毒品的认识，帮助学生树立“无毒青春，健康生活”的意识。

扩展习题

1. 我国现行《中华人民共和国禁毒法》是哪一年开始实施的？（　　）

A. 2005 年 6 月 1 日　　B. 2006 年 6 月 1 日

C. 2007 年 6 月 1 日　　D. 2008 年 6 月 1 日

2. 国际禁毒日是每年的（　　）。

A. 6 月 22 日　　B. 6 月 23 日　　C. 6 月 26 日　　D. 6 月 27 日

3. 林则徐虎门销烟发生在（　　）。

A. 1836 年　　B. 1837 年　　C. 1838 年　　D. 1839 年

4. 以下属于毒品的有（　　）。

A. K 粉　　B. 海洛因　　C. 冰毒　　D. 以上全是

5. 在国际禁毒日，学生可以通过哪些形式宣传禁毒？（　　）

A. 宣传海报　　B. 演讲比赛　　C. 禁毒知识竞赛　　D. 以上全是

6. 根据《中华人民共和国禁毒法》，对于吸食、注射毒品的人员，应该如何处理？（　　）

A. 罚款　　B. 强制戒毒　　C. 警告　　D. 没收个人财产

7. 根据《中华人民共和国禁毒法》，哪个部门是全国禁毒工作的主管部门？（　　）

A. 公安部　　B. 国家卫生健康委员会

C. 国家药品监督管理局　　D. 国务院

8. 根据《中华人民共和国禁毒法》，下列哪种行为不属于违法行为？（　　）

A. 私藏毒品　　B. 吸食毒品

C. 非法种植毒品原植物　　D. 为医疗目的使用麻醉药品和精神药品

9. 根据《中华人民共和国禁毒法》,可以利用下列哪种方式进行禁毒宣传教育?（ ）

A. 在学校开展禁毒教育　　B. 利用媒体进行禁毒宣传

C. 组织禁毒知识讲座　　D. 所有上述方式

10. 根据《中华人民共和国禁毒法》,对于制造、贩卖、运输、邮寄、携带毒品的行为,应当如何处理?（ ）

A. 警告　　B. 罚款　　C. 刑事处罚　　D. 强制戒毒

11. 下列哪种物质被列为毒品?（ ）

A. 酒精　　B. 尼古丁　　C. 咖啡因　　D. 海洛因

12. 未经批准,以下哪种行为被《中华人民共和国禁毒法》定义为非法行为?（ ）

A. 种植毒品原植物　　B. 种植草药

C. 制作酒精　　D. 制作药品

答案：DCDDD BADDC DA

3.“全民国家安全教育日”主题班会

4 月 15 日是全民国家安全教育日。同学们在学校、电视、网络上可能都听说过这个日子，但是对我们来说，《中华人民共和国国家安全法》到底是什么呢？它和我们有什么关系？为什么我们要了解和学习它呢？

《中华人民共和国国家安全法》是我们国家为了保护国家的安全、保障我们的生活和学习环境而制定的一项重要法律。就像我们在学校有规则、家里有规矩一样，《中华人民共和国国家安全法》是国家层面的基本规则，是保护我们和我们的家人、朋友、老师平安的重要法规。

在本章的班会中，我们将一起了解《中华人民共和国国家安全法》的基本内容，学习如何做一个守法、爱国的好公民。我们要知道，每一个人都有维护国家安全的责任和义务，我们作为小小的个体，也能为国家的安全做出我们应有的贡献。

希望大家在今天的班会中，不仅能认真学习，还能积极发表自己的看法和想法，让我们一起为国家的安全尽一份力量。

互动交流 1 国家安全是什么

小徐是个聪明活泼又热爱阅读的学生。一天，他像往常一样踏入图书馆这个充满知识和智慧的地方。当他的目光在书架上游走的时候，一本外表略显陈旧却带着神秘气息的书吸引了他的注意。这是一本名叫《宝藏岛》的书，书中详细描述了一个名叫宝藏岛的地方，那里有着丰富的资源，金银珠宝、稀有动植物随处可见。宝藏岛的环境美丽得如同仙境，岛上的人们都非常乐观向上、勤劳善良，他们和睦相处着。生活在这样一个美丽的家园，每个人的脸上都洋溢着幸福的笑容。

小徐被这座宝藏岛深深吸引，有一天晚上，小徐做了一个梦。他梦见自己变成了一个勇士，来到了宝藏岛探险。此时，由于宝藏岛太美好了，岛上的财富吸引来了海盗。他们要夺走属于宝藏岛的一切，如金银珠宝、珍稀动物，甚至还要控制岛上的居民，将他们变成自己的奴隶。这可把一直过着安静幸福生活的居民们吓坏了，他们多么希望有人能来帮助他们！

小徐看到这一切，决定站出来，帮助宝藏岛的人们，利用自己的知识和智慧，对抗那些贪婪无耻的海盗。小徐告诉岛上的居民不要害怕，只要大家团结起来，形成合力，就一定能打败海盗。居民们听了小徐的话，纷纷表示愿意在小徐的带领下一起战斗。小徐根据自己学到的知识，认真分析了小岛的地形，布置了多条防线。有在海面上设置的拦截屏障、在海滩上设置的障碍陷阱，还有在小岛制高点上设置的火力武器等。

小徐的计划非常成功，他设计的陷阱机关让海盗们无法靠近小岛，最终，海盗们节节败退，头也不回地逃走了。岛上的居民视小徐为英雄，甚至要为他建造纪念碑，但小徐很认真地告诉大家，击退海盗不是他自己的功劳，而是依靠所有人团结一心的共同努力。在庆贺成功保卫家园的同时，小徐还向居民们讲述了保护家园人人有责的重要性，这也使得居民们深刻意识到，不应该一直沉浸在生活的幸福中，要有警惕意识，不允许任何人侵害自己的家园！

小徐早晨醒来，还依稀记得梦里的情景。他把自己的梦讲给妈妈听。妈妈听完后笑着说：“儿子，你做得对。虽然是在梦里完成了一场‘宝藏岛的保卫战’，但是如果我们的国家受到外来的侵略，我相信你也会勇敢地保卫国家。因为保卫国家安全是每个公民的责任和使命。我和爸爸都会和你一起战斗，为国家安全作贡献的。”

活 动

（1）小组交流讨论：将学生分成几个小组，然后提出一个问题“国家安全是什么？”，让他们进行讨论、得出结论。最后老师进行总结。

（2）视频播放：播放一些与国家安全相关的短片或视频，让学生感受国家安全教育的重要性和意义。在观看之后，可以与学生们进行讨论，引导他们思考国家安全教育的意义和重要性。

评 析

通过讨论，学生知道了保护国家安全的意义及国家安全教育的重要性和价值，从而增强了他们对国家和民族的认同感，并激发了他们自发保护国家安全的意识。引领学生重视国家和民族尊严，增强民族自豪感，把爱国之心转变成报国之行，时刻关注国家的安全和发展。

互动交流 2　全民国家安全教育日设立的目的

有一位聪明的小伙子，名叫张晓明。他毕业后进入某单位一个很重要的部门工作，每天都接触到大量需要保密的信息资料。张晓明的工作能力很强，而且态度积极，表现突出，得到了大家的赞扬和肯定。

几年后，张晓明被派去了外国工作，那里的生活充满了新鲜感。然而，他在那里遇到了一些自称是该国外交部的人，他们对他非常友善，并给他提供了很多钱，让他帮忙做一些事情。

但是，这些事情并不简单，他们要求张晓明提供一些敏感信息。起初，张晓明坚决拒绝，因为他知道这是违反《中华人民共和国国家安全法》的行为。然而，随着时间的推移，金钱的诱惑开始影响他的行为。

在一次冲动之下，张晓明做出了错误的决定，他接受了那些人的钱，并提供了一些涉密信息。不久之后，张晓明的行为被揭露。有关部门通过国际合作，发现了他的违法行为。

张晓明被遣送回国接受法律的审判。在法庭上，张晓明深刻地认识到了自己的错误，并对自己的行为表示了深深的悔恨。他意识到，无论面对多大的诱惑，都不能背叛自己的国家和人民。最终，张晓明受到了相应的刑罚。

活动

（1）安全警报游戏：事先准备一些与国家安全相关的词语或图片，并将其贴在教室的不同角落或户外的随机地点。要求学生在限定时间内找到并收集这些词语或图片（类似于寻宝游戏）。通过这个游戏，学生可以更加直观地感受到国家安全的重要性和普通人如何参与维护国家安全。

（2）请学生以“我是国家安全守护员”为主题，写一篇小作文，谈谈自己对《中华人民共和国国家安全法》的认识，以及如何从自己做起，保护国家利益不受损失，维护国家的安全。

评析

国家安全是一个国家生存和发展的基础，它涉及国家的主权和领土完整、政治稳定、经济发展、社会秩序、文化传承、生态环境等多个方面。维护国家安全不仅是政府的责任，也是每个公民的义务。每个学生都要提高自己的国家安全意识。

互动交流 3　学生参与维护国家安全

小许是一名在学校表现优秀的中学生。作为班长，他总是尽自己最大的努力来帮助他的同学们。

有一天，小许在网络上看到一篇文章，这篇文章宣称我国某地发生了一起严重的事故。然而，文章的内容很模糊，并没有提供任何证据。小许感到有些困惑，他不知道这个信息是否真实。

小许的好朋友看到他的困惑，建议小许把这篇文章分享出去，这样大家就可以一起讨论了。但小许却摇了摇头，他说：“我们不能随便传播未经证实的信息，这可能会引起不必要的恐慌。我们应该遵守法律法规，尊重事实。”

小许决定将这件事情告诉他们的班主任。老师听完后，赞扬了小许的做法，她告诉小许，这就是维护国家安全的一种方式。老师还提醒全班同学，要谨慎对待网络信息，不要轻信未经证实的消息，更不要随意传播。

于是，大家就作为一个学生该如何维护国家安全问题进行了热烈的讨论，老师发现大家对这个问题十分感兴趣，决定组织一次关于国家安全的趣味活动。

为了让同学们清楚地了解哪些信息有可能对国家安全造成危害，班主任设计了一次体验式活动。他先将同学们分成4~6人的小组，每个小组分配了具体的“侦探”任务，要求小组同学根据《中华人民共和国国家安全法》的规定，集思广益，判断出哪些信息存在危害国家安全的可能性，思考一旦发现这种现象应该如何做出正确的反应。

任务一：给同学们展示一组人们在旅游时拍摄的风景照片，背景有的是自然风光，有的是建筑物，还有的是厂房、船坞、重要基础设施等。请同学们辨别出哪些照片是合法的，哪些照片是违法的，思考如何处理发现的违法照片。

任务二：给同学们一些网址，请同学们浏览公开网页进行“侦探”，看看是否存在涉及国家政治、经济、军事、科技、文化等方面的机密信息。如果发现了请指出来，并讨论应该如何处理。

任务三：请同学们“侦探”一下自己平时经常浏览的短视频平台，分析里面有没有涉及违法的内容、虚假的信息、扰乱社会秩序和经济秩序的谣言等。如果发现了请指出来，并讨论应该如何处理。

这次活动让同学们明白了作为学生应如何参与维护国家安全。大家决定在以后的生活中，要遵守法律法规，积极参与学校的安全教育活动，及时报告可疑情况，为维护国家安全献出自己的力量。

评析

通过引导学生对问题进行深入探索，鼓励他们发表自己的观点及看法，并在小组中进行讨论，以激发他们的深度思考能力。另外，通过组织“侦探活动”，让学生在团队合作中解决问题。这不仅能增强学生团队协作的能力，还能提升他们思考问题和解决问题的能力，进而更加有效地引导学生维护国家安全。

互动交流4 全民国家安全教育日

在一个晴朗的下午，中学生小朱和小杨在校园的公告栏上看到了一张海报，上面写着：“全民国家安全教育日活动即将到来，你准备好了吗？”

小朱看着海报，皱了皱眉头，他并不清楚全民国家安全教育日是哪一天。他转头问小杨：“小杨，你知道全民国家安全教育日是哪一天吗？”

小杨旋即回答："当然知道，全民国家安全教育日是在每年的……"他故意停顿了一下，然后尴尬地看着小朱，"其实我也不知道"。

小朱想了想，然后说："那我们去问问老师吧。"

第二天上学后，他们问了老师这个问题，老师感到十分欣慰，笑着回答他们："是每年的 4 月 15 日。"然后他们在老师的引导下，了解了国家安全的重要性，他们知道这是关系国家和人民生活安宁的大事。老师又跟他们说："这是一个十分重要的日子，到时候，学校也会组织活动的，你们可以想一想要做些什么。"于是，在全民国家安全教育日到来之前，小朱和小杨开始积极地学习和了解相关知识，包括网络安全、食品安全、交通安全等。

全民国家安全教育日到来的那一天，学校举行了一次主题为"守护国家安全，从我做起"的活动。他们两个积极参与，利用自己学到的知识，为同学们制作了一份精美的安全手册，内容包括《中华人民共和国国家安全法》的制定原则、维护国家安全的责任与义务等。他们的手册受到了同学们的热烈欢迎，大家都说从手册中学到了很多实用的安全知识。小朱和小杨也因此得到了老师的表扬，他们感到非常有成就感。

从那天起，小朱和小杨更加认识到国家安全的重要性，也明白了自己作为学生，在全民国家安全教育日可以做的事情。他们决定以后每年的这一天，都要积极参与，通过学习和传播安全知识，为守护国家安全贡献自己的力量。

活动

板报制作：将学生们分成小组，开展一次有关全民国家安全教育日的板报制作活动。让学生们自主选择一个与国家安全相关的主题，一起讨论如何制作板报，安排板报的内容。通过展示，学生们可以深入了解《中华人民共和国国家安全法》的内容和意义，并与其他同学分享自己的观点和见解。

评析

中学生正处于世界观、人生观、价值观确立的关键时期，要从思想意识上深刻理解国家安全的重要性，认识到维护国家安全是每个公民的责任和义务，树立国家利益至上的观念，增强维护国家安全的责任感和使命感。通过举行中学生们喜闻乐见的活动，帮助他们识别各种可能危害国家安全的行为，提高他们应对网络安全威胁的能力。

扩展习题

1. 我国的全民国家安全教育日是哪一年设定的？（　　）

A. 2012 年　　B. 2013 年　　C. 2014 年　　D. 2015 年

2. 我国现行的《中华人民共和国国家安全法》是哪一年开始实施的？（　　）

A. 2012 年　　B. 2013 年　　C. 2014 年　　D. 2015 年

3. 国家安全包括（　　）。

A. 国家政权、主权、统一和领土完整、人民福祉、经济社会可持续发展

B. 国家其他重大利益相对处于没有危险和不受内外威胁的状态

C. 保障持续安全状态的能力

D. 以上都是

4.《中华人民共和国国家安全法》在我国法律体系中的地位是？（　　）

A. 行政法规　　B. 地方性法规　　C. 国家法律　　D. 司法解释

5. 根据《中华人民共和国国家安全法》,国家安全教育应当坚持什么原则？（　　）

A. 全面原则　　B. 预防为主原则　　C. 公开透明原则　　D. 以上都正确

6. 根据《中华人民共和国国家安全法》,哪些人有义务接受国家安全教育？（　　）

A. 全体公民　　B. 中小学生　　C. 公务员　　D. 以上都正确

7. 全民国家安全教育日的设立是依据哪部法律？（　　）

A.《中华人民共和国劳动合同法》

B.《中华人民共和国国家安全法》

C.《中华人民共和国教育法》

D.《中华人民共和国民法典》

8. 在全民国家安全教育日，我们应该做什么？（　　）

A. 学习国家安全知识　　B. 提高国家安全意识

C. 积极参与保卫国家安全的活动　　D. 以上都正确

9. 根据《中华人民共和国国家安全法》，国家安全教育的对象是？（　　）

A. 全体公民　　B. 成年公民　　C. 未成年公民　　D. 公职人员

答案：DDDCD DBDA

4.“烈士纪念日”主题班会

每年的 9 月 30 日是我国的烈士纪念日，这是我们纪念那些为了国家和人民献出生命的烈士们的日子。这个日子的来临，让我们有机会更深入地了解那些英勇无畏、舍己为人的英雄。

烈士是我们的榜样，我们要学习他们的精神、他们的勇气、他们的无私奉献。他们的事迹让我们知道，为了保护我们的家园，为了保护我们的人民，有人愿意付出生命的代价。

在这个特殊的日子里，我们要更加深入地学习烈士的伟大精神，更加深入地理解他们为国家、为人民做出的巨大牺牲和无私贡献。同时，我们也要铭记历史，珍爱和平，学会尊重，学会感恩。

让我们一起用心感受烈士们的伟大，用心去怀念他们，用心去学习他们的精神，让烈士的精神在我们心中长存。

最后，希望大家能在本章的班会中有所收获，有所思考，更加深刻地理解国家的安全和人民的幸福是多么地来之不易。让我们一起珍爱和平，珍爱生活，感恩英雄，感恩生活。

互动交流 1 《中华人民共和国英雄烈士保护法》的实施

小辉是一个对历史非常感兴趣的小学生。他的兴趣源于对英雄人物的无尽好奇，他渴望了解那些在历史洪流中挺身而出，为国家、为人民做出巨大贡献的人们。他经常阅读关于历史的书籍，特别是关于英雄人物的故事，他总是被那些英勇无畏、坚韧不拔的人物深深吸引。

2018 年的一天，小辉在读报纸时，看到了一则关于《中华人民共和国英雄烈士保护法》开始实施的新闻。新闻中说：“《中华人民共和国英雄烈士保护法》旨在保护英烈的名誉和尊严，维护社会公序良俗，教育人民尊崇英烈，弘扬伟大的民族精神。”他非常好奇，不知道这部法律是干什么的，具体规定了哪些内容。于是，他决定去图书馆查找一些相关的资料。他找到了《中华人民共和国英雄烈士保护法》的全文，并开始认真阅读。他发现，《中华人民共和国英雄烈士保护法》的出台，主要是为了应对近年来社会上出现的丑化、诋毁、贬损和质疑英雄烈士的现象。该法律的颁布旨在维护社会公共利益，传承和弘扬英雄烈士精神，从而让人民永远铭记和尊崇英雄烈士。这让他感到非常开心，他认为这是对英烈最好的尊重和纪念。同时，小辉也开始思考，保护英烈，尊崇英烈，不仅仅是通过法律来体现的，更重要的是通过我们每个人的行动来体现。通过学习和弘扬英烈的精神，让英烈的精神在我们的生活中得到体现。这样，英烈的精神才能真正得到传承，才能真正发挥出它的价值。

小辉认为英雄们为了国家和人民做出了伟大贡献，值得我们尊重和学习。他看到英烈们的事迹，就像看到了一盏盏明灯，照亮了他前行的道路。因此，他决定写一篇关于《中华人民共和国英雄烈士保护法》的文章，和他的同学们分享他的理解和感受。在写作的过程中，小辉深深地感受到了英烈们的伟大和崇高。他们无私的奉献、他们坚毅的精神、他们无畏的勇气，都深深地感动了他。他想象着那些英烈在战火纷飞的岁月中，怀着对国家和人民的深情与热爱，挺身而出、奋勇前行的场景，心中充满了敬仰和感激。

同时，小辉也更加明白了尊重英烈、向英烈学习的重要性。他觉得，每一个公民都应该尊重英烈，因为英烈是我们的榜样，他们的精神是我们的精神财富。每一个公民都应该向英烈学习，他们的精神可以激励我们在困难面前不屈不挠，勇往直前。而《中华人民共和国英雄烈士保护法》的实施，更让小辉明白了国家对英烈的尊重和保护。他认为，这部法律的出台，是对英烈最好的纪念，也是对我们每个公民的爱国教育。

小辉在文章中写道：“英烈们用他们的生命和热血，为我们绘制了一幅幅伟大的画卷，他们的精神永远照亮我们前行的道路。让我们一起尊崇英烈，向英烈学习，让他们的精神在我们每个人的心中熠熠生辉。”他希望通过这篇文章，让更多的人了解《中华人民共和国英雄烈士保护法》，尊崇英烈，向英烈学习。

活动

（1）视频展示：播放一些英雄的电影或纪录片，让学生在观看过程中了解英雄的故事，让他们知道我们今天的幸福生活来之不易，同时理解《中华人民共和国英雄烈士保护法》颁布的意义。

（2）烈士纪念日主题展览：要求学生在班级中共同策划一场烈士纪念日主题展览。可以设置展板、照片、文字介绍等，展示烈士的事迹、历史背景和相关文物。学生可以分工合作，负责不同的展览内容，并在展览期间担任解说员，向其他同学介绍展览内容。

评析

通过影片的播放，可以让学生们更加直观地了解英雄的故事及其精神，让他们对英雄产生更深的敬意，理解《中华人民共和国英雄烈士保护法》实施的重要意义。

互动交流2 烈士纪念日的意义

在一个小镇里，有一位叫鹏鹏的小男孩，他的好奇心非常强，喜欢了解各种各样的知识。一天，他在日历上看到9月30日这一天被圈出来，上面写着“烈士纪念日”，于是他跑去问爷爷：“爷爷，烈士纪念日是什么？”

爷爷微微一笑，拍了拍他的头说：“这一天是纪念那些为了保护我们的国家、为了我们的自由与和平而牺牲的英雄们的日子。”鹏鹏听后，眼神里充满了敬佩和好奇，他问爷爷：“那我们怎么才能纪念他们呢？”

爷爷看着鹏鹏，说：“我们可以在心里默默地感谢他们，或者在这一天向他们致敬。我们还可以通过了解他们的事迹，学习他们无私奉献的精神，以此来纪念他们。”

从那一天开始，每年的9月30日，鹏鹏都会带着深深的敬意，去参加纪念活动，默默地向英雄们致敬。他会读一些烈士的事迹，了解他们的故事。那些英雄们的精神让他感到无比地骄傲和自豪。他希望自己能够像他们一样，有一颗保护自己国家和人民的心。

这就是鹏鹏对于烈士纪念日的理解，他知道，这一天不仅仅是为了纪念那些英雄们，更是为了让我们不忘记他们的精神，让我们永远记住他们为国家和人民作出的贡献。

活动

（1）纪念烈士的艺术表达：组织学生进行一次艺术创作活动，可以是绘画、手工制作、诗歌创作等。要求学生通过艺术作品表达对烈士的思念和敬意。可以提供一些相关的素材或主题，例如国旗、烈士纪念碑等，激发学生的创作灵感。

（2）小组交流与讨论：把学生分成几个小组，让他们把自己知道的英雄烈士的故事或事迹讲述出来。引导学生一起讨论，作为学生在烈士纪念日这一天应该做些什么？

评析

对学生来讲，英雄的事迹可能只是课本上的文字或者电视上的新闻，但我们需要引导他们深刻地体会到英雄们贡献与牺牲的意义，从而让他们对英雄产生由衷的敬佩之情，并在此过程中真正理解烈士纪念日所承载的意义。

互动交流3 致敬英烈

活动背景

为纪念英雄烈士，通过戏剧节的形式，让学生们深入理解英雄烈士的精神，增强爱国主义情感，传承红色基因。

活动目标

（1）引导学生了解英雄烈士的事迹，感悟英雄精神；营造尊敬英雄、向英雄学习的校园文化氛围。

（2）提高学生的创造力、合作能力和表演能力；增强学生的民族自豪感和历史责任感。

活动主题

“英雄颂歌”——通过戏剧的形式，颂扬英雄烈士的不朽事迹，传承英雄精神。

活动时间

烈士纪念日前一周（9 月 23 日至 9 月 29 日）。

活动内容

（1）剧本征集

向全校师生征集以英雄烈士事迹为主题的剧本。

设立奖项，如最佳剧本奖、最佳创意奖等，以激励学生参与。

（2）角色选拔

根据剧本需要，进行角色选拔。

鼓励学生自荐或推荐，通过试镜确定角色。

（3）戏剧排练

组织专业老师进行戏剧指导。

安排定期排练，确保表演质量。

（4）道具与服装准备

根据剧本需要，准备相应的道具和服装。

鼓励学生动手制作，培养实践能力。

（5）戏剧演出

在烈士纪念日前一周的某天下午举行戏剧演出。

演出结束后，进行简短的讨论，分享感受和学习心得。

（6）互动环节

设立观众投票，评选最受欢迎的剧目和演员。

安排英雄烈士知识问答，增强互动性和教育意义。

（7）成果展示

将优秀剧本和演出视频在学校网站和社交媒体上展示。

撰写公众号文章，记录活动过程和学生心得。

（8）注意事项

确保所有参与学生的安全。

尊重历史事实，准确描绘英雄烈士形象。

鼓励学生积极参与，不论表演水平高低。

保持活动的教育性和严肃性，避免过度娱乐化。

评析

学生大多通过书本了解英雄人物，印象不够深刻，缺少精神的内化。通过戏剧节的形式，可以有效地让学生们在参与和体验中学习英雄烈士的精神，增强爱国主义教育的实效性。通过撰写剧本，将戏剧教育与历史、思想政治等课程相结合，让学生在创作中灵活运用所学知识深入诠释英雄的精神。通过角色扮演，让学生体验英雄烈士的情感和抉择，增强情感共鸣和教育效果，激发学生的创造力和参与热情，达到德育和美育的双重目的。

互动交流4 烈士纪念日的活动

在一个阳光明媚的早晨，小海的心情特别激动，因为他和他的同学们要参加一次特殊的活动。他们的学校策划了一场烈士纪念日的活动，目的是让同学们更深刻地了解那些曾为国家和人民献出生命的烈士。

同学们提前做好了准备，带着鲜花和小国旗，穿着整齐的制服，步履坚定地走进了那个充满历史和英雄气息的烈士公园。烈士们的英勇事迹和无私奉献的精神，早已在同学们的心中留下了深刻的印象。

在学校的引导下，同学们捧着手中的鲜花，一起行走在那个充满历史的公园里。公园里的每一棵树、每一块石头，都仿佛在诉说过去的故事。同学们沿着蜿蜒曲折的小路，走过那些岁月的痕迹，走进历史的深处。公园里有许多烈士的墓地，那是他们最后的安息之所。每一个墓地都代表着一个英勇的生命，一个为了国家和人民默默付出甚至献出生命的英勇人物。他们的名字、他们的事迹，都刻在了墓碑上，被人们铭记。同学们在每一个墓地前都驻足片刻，默默地为烈士献上鲜花，表达他们的敬仰和感激。他们低下头，心中充满了崇敬。英勇的烈士们就像是一盏盏永不熄灭的明灯，照亮同学们前进的路，激励他们勇往直前。同学们亲手把鲜花放在墓碑前，默默地表达他们对烈士的敬意和怀念。同学们在心中立下誓言，要永远记住这些烈士，记住他们的英勇、他们的精神、他们的牺牲。

公园的中央，矗立着一座庄严的烈士塑像。塑像的面庞刚毅而坚定，眼神深邃而充满力量，仿佛在静静地诉说着烈士们的英勇和坚韧。那是一种超越生死、超越年代的力量，它深深地打动了每一个到此的人。塑像下方，是一块大理石制成的纪念碑。碑的底座宽大而稳固，就像烈士们坚实的精神基石。碑上刻着烈士们的名字和事迹，那上面的每一个名字，都代表一个悲壮而伟大的灵魂，烈士们用自己的生命和鲜血，书写了中华民族的辉煌历史。同学们默默地望着塑像和纪念碑，阅读着烈士们的英勇事迹，心中充满了无比的敬意。他们明白，那些烈士们用生命和热血换来了国家的和平与繁荣，换来了人民的幸福生活。同学们承诺，要将烈士们的精神传承下去，用自己的实际行动，来纪念和尊崇这些英勇的烈士们。

在这一天，同学们听了许多关于烈士的感人故事，每一个故事都像一部生动的历史剧，同学们明白了，作为学生，他们也应该向烈士学习。他们要努力学习，不仅要学习知识，更要学习烈士们的精神。每一个人都有可能成为国家的栋梁之材，要用自己的智慧和才能，去为国家和人民做出贡献。

这次活动，不仅让同学们更深刻地认识到了烈士们的伟大和崇高，也让他们明白了自己的责任和使命。同学们知道，无论未来走向何方，都要牢记烈士的英勇精神，用自己的实际行动来传承和发扬这种精神。

活动

提前布置作业，让学生课前搜集英雄的故事，使学生对英雄们更加了解。

（1）诗歌朗诵：组织几位同学激情朗诵叶挺的《囚歌》或者其他英雄烈士的诗歌。

（2）纪念烈士的音乐表演：组织学生们进行一场音乐表演，可以选择一些与烈士精神相关的歌曲或音乐曲目（如《我的祖国》《绣红旗》《一道道水来一道道山》《英雄赞歌》《十送红军》等）。学生们可以自由选择演唱、演奏或舞蹈等形式，通过音乐传达对烈士的敬意和思念。

评析

让学生们了解英雄的事迹和故事，同时思考在烈士纪念日可以开展什么活动，来表达对英雄的钦佩和敬意。

扩展习题 

1.《中华人民共和国英雄烈士保护法》的实施是在（　　）。

A. 2015 年　　B. 2016 年　　C. 2017 年　　D. 2018 年

2.（　　），十三届全国人大常委会第二次会议全票表决通过了《中华人民共和国英雄烈士保护法》。

A. 2018 年 4 月 27 日　　B. 2018 年 4 月 28 日

C. 2018 年 4 月 29 日　　D. 2018 年 4 月 30 日

3.《中华人民共和国英雄烈士保护法》的主要目的是（　　）。

A. 保护英烈的名誉和尊严

B. 维护社会公序良俗

C. 教育公民尊崇英烈，弘扬伟大的民族精神

D. 以上都正确

4. 根据《中华人民共和国英雄烈士保护法》，以下哪种行为是违法的？（　　）

A. 在公共场合故意损毁英烈纪念设施　B. 在教育课程中传播英烈事迹

C. 在电视节目中表达对英烈的敬仰　D. 在社交媒体上分享英烈的故事

5. 根据《中华人民共和国英雄烈士保护法》，对侮辱、诽谤英烈，损害英烈名誉、尊严的行为应（　　）。

A. 忽略不理　B. 给予口头警告

C. 进行法律追究　D. 只在社区内部进行处理

6. 烈士纪念日是在哪一年设立的？（　　）

A. 2014 年　B. 2015 年　C. 2016 年　D. 2017 年

7. 烈士纪念日是每年的（　　）。

A. 9 月 17 日　B. 9 月 28 日　C. 9 月 29 日　D. 9 月 30 日

8. “生的伟大，死的光荣”是毛泽东为（　　）题的词。

A. 赵一曼　B. 杨靖宇　C. 赵尚志　D. 刘胡兰

9. “区区日本四岛，断无亡我中华之力，我虽华夏一匹夫，然堂堂七尺须眉，抗日救国之信仰，坚如磐石，今日得以血溅山河，我足矣！”是（　　）的遗言。

A. 赵一曼　B. 杨靖宇　C. 赵尚志　D. 刘胡兰

10. “视死如归本革命军人应有精神，宁死不屈乃燕赵英雄光荣传统”是聂荣臻为（　　）纪念塔题的词。

A. 赵一曼　B. 狼牙山五壮士　C. 赵尚志　D. 刘胡兰

11. 为了不暴露目标，严守纪律，被火烧而壮烈牺牲的是（　　）。

A. 邱少云　B. 狼牙山五壮士　C. 赵尚志　D. 刘胡兰

答案：DADAC ADDBB A

5.“六一国际儿童节”主题班会

六一国际儿童节是属于我们每一个孩子的节日，是全世界孩子们的大日子。这一天，我们要庆祝快乐的童年，庆祝我们的成长，也庆祝那些让我们每天都充满活力和希望的东西。

同时，今天我们也要讨论一个非常重要的话题，那就是《中华人民共和国未成年人保护法》。这是一部保护未成年人权益的法律，它告诉我们，未成年人有哪些权利，又该如何保护自己。

未成年人也有权利知道并了解自己的权益。这样，未成年人才能更好地保护自己，防止自己的权益受到侵犯。同时，我们也要明白，尊重和保护他人的权益同样重要。

通过本章的班会，希望大家能够更好地理解六一国际儿童节的意义，理解《中华人民共和国未成年人保护法》的内容。让我们共同学习，共同成长，共同保护我们美好的童年。

互动交流 1 《中华人民共和国未成年人保护法》的学习

在某小学三年级班里，有一位叫赫赫的同学。他善于观察，聪明好学，无论是对课堂上的知识，还是在业余的生活中，他都充满了好奇心。

一天，他在课本上看到了关于《中华人民共和国未成年人保护法》的内容。他感到非常惊讶，因为在他的认知里，法律似乎是一个高深且遥不可及的东西，他从未想过有一项专门保护孩子的法律。他带着好奇和疑惑，问老师：“老师，我看到书中写着有关《中华人民共和国未成年人保护法》的内容，这是真的吗？真的有这样一项专门保护我们的法律吗？”

班主任看着他好奇的眼神，心里暗自欣喜。她知道，这是一个教育和启发孩子的好机会。于是老师告诉赫赫，《中华人民共和国未成年人保护法》是我国一部专门保护未成年人的法律，最早在 1991 年颁布，在保护未成年人方面起到了重要的作用。其中规定了儿童的许多合法权益：比如，所有的儿童都有受教育的权利，这就意味着每个孩子都要上学，接受教育；所有的儿童都有享受保健和医疗服务的权利，这就保证了每个孩子在生病或受伤时，都能得到及时的医疗救助。赫赫听得入迷，老师接着说，这部法律还强调了保障儿童健康成长，规定任何人都不能虐待儿童，不得侵犯儿童的人身权，以确保孩子们在安全、和谐的环境中健康成长。

赫赫开心极了，他知道了《中华人民共和国未成年人保护法》的重要性，感到非常安心和感激。于是，在接下来的班会课上，赫赫主动请缨，分享关于《中华人民共和国未成年人保护法》的内容。他简洁明了地介绍了《中华人民共和国未成年人保护法》，希望通过自己的分享，让同学们明白，每个孩子都是受法律保护的，都有权利在安全、健康的环境中成长。同学们都听得非常认真，并表示以后要更加尊重和遵守这部法律，不仅要保护自己的权益，更要尊重他人的权益。法律是保护我们的盾牌，我们每个人都应该了解并尊重它。有了法律的支持和保护，孩子们能够在这个世界上更安全、快乐地成长。

活动

设计未成年人保护卡片游戏：要求学生们设计一款与《中华人民共和国未成年人保护法》相关的卡片游戏。每张卡片上可以写不同的问题、情境或法律知识，学生们可以通过游戏的方式回答问题或应对情境，加深对《中华人民共和国未成年人保护法》的理解。

评析

《中华人民共和国未成年人保护法》主要保护的对象是未满十八周岁的公民，即未成年人。法律的内容包括家庭保护、学校保护、社会保护、司法保护等多个方面，旨在为未成年人提供一个安全、健康、有利于其全面发展的环境。学生应认真学习《中华人民共和国未成年人保护法》的内容，在需要的时候用法律武器保护自己。

互动交流2 六一国际儿童节的由来

在一所热闹的小学里，有一个叫小希的女孩。小希非常喜欢庆祝节日，特别是六一国际儿童节，因为那天她会穿上最喜欢的漂亮衣服，还可以参与很多好玩的活动并品尝美味的糖果。

然而，小希却不知道六一国际儿童节是怎么来的。于是，她去向她最敬爱的老师请教。老师鼓励小希自己寻找答案。

小希决定去图书馆寻找答案。在图书馆，她翻阅了许多资料，最终找到了答案。她发现，六一国际儿童节是在1949年设立的，且有着厚重的历史背景。小希跑回去告诉老师自己找到了答案。老师赞扬她勤奋好学，能够主动寻找答案。

在那年的六一国际儿童节，小希不仅开心地庆祝了节目，还告诉她的同学们关于六一国际儿童节的历史。她明白了，每个节日背后都有它特殊的含义和历史，了解这些，可以让我们更加珍视每一个节日，更加理解和尊重每一个节日。

查阅知识不仅可以帮助我们了解世界，还能让我们深入历史的长河，从而更加深刻地理解和尊重每一个节日背后的文化与意义，进而让我们的生活变得更加丰富多彩。

活动

（1）未成年人保护法公益活动：组织学生们参与一个与未成年人保护相关的公益活动，例如义务劳动、社区服务等。学生们可以选择一个议题或问题，组织相关的公益活动，并通过实际行动传递对未成年人保护的关注和支持。

（2）邀请专业人士进行讲座：邀请法律专业人士或相关机构的工作人员，开展关于《中华人民共和国未成年人保护法》的讲座或座谈。学生们可以提前准备问题，与专业人士进行交流和互动，深入了解《中华人民共和国未成年人保护法》的背景和实际应用。

评析

六一国际儿童节对每个小朋友来说，应该都是很熟悉的，可以鼓励学生说说自己对于儿童节的感受。

互动交流 3 《中华人民共和国未成年人保护法》知识竞赛

竞赛目标

通过竞赛形式，让学生了解和掌握《中华人民共和国未成年人保护法》的基本内容，提高自我保护意识。

参赛对象

面向全校学生，鼓励学生以小组形式报名，每组 3~4 人。

竞赛内容

法律知识题：涉及《中华人民共和国未成年人保护法》的基本知识、案例分析等。

情景模拟题：模拟未成年人可能遇到的法律问题，考查学生的应对能力。

竞赛形式

必答题：每队必答，答对加分，答错不得分。

抢答题：举手抢答，答对加分，答错扣分。

风险题：分值较大，队伍可以选择答题或放弃，答对加分，答错扣分。

竞赛准备

题目准备：设计 100 道左右的选择题和判断题，20 个情景模拟案例。

场地布置：设置舞台、答题板、抢答器等。

评委邀请：邀请法律老师、德育老师和学生代表作为评委。

竞赛规则

时间限制：必答题和抢答题每题限时 30 秒，风险题限时 1 分钟，情景模拟每队限时 5 分钟。

积分制度：必答题每题 10 分，抢答题每题 20 分，风险题每题 30 分，情景模拟每队 100 分。

评分标准：根据答题的正确性和情景模拟的表现打分。

奖励机制

团队奖励：设置冠、亚、季军和最佳表现奖，颁发奖杯和证书。

个人奖励：评选最佳答题手、最佳表演者等，颁发奖状和奖品。

参与奖励：所有参赛者均可获得参与奖，如笔记本、文具等。

宣传推广

海报宣传：设计吸引人的海报，张贴在校园各处。

班级动员：通过班会时间进行宣传，鼓励学生报名。

社交媒体：利用学校微信公众号、校园网等平台进行线上宣传。

后续活动

经验分享：组织获胜队伍进行经验分享，提高全校学生对《中华人民共和国未成年人保护法》的认识。

法律角：在图书馆设立法律角，提供相关法律书籍和资料，供学生借阅。

志愿者活动：鼓励学生参与法律宣传志愿者活动，将法律知识传播给更多的人。

评析

《中华人民共和国未成年人保护法》强调了对未成年人的全面保护，包括身心健康、教育、文化、娱乐等方面，有助于促进未成年人在德、智、体、美、劳各方面的全面发展。保护未成年人是社会文明进步的标志之一。学习和宣传《中华人民共和国未成年人保护法》，有助于营造尊重和保护未成年人权益的社会环境，促进社会的和谐与稳定。该法律对未成年人的不良行为进行了规定，有助于早期发现和预防未成年人的违法犯罪行为，通过教育和矫治，减少未成年人犯罪。

互动交流 4 法律对未成年人的保护

林老师是一位深受学生们喜爱的教师，他总是能用生动有趣的方式教授知识，让学生们在快乐中学习。他曾经在课堂上向学生们介绍过《中华人民共和国未成年人保护法》。他告诉同学们，这是一部保护未成年人权益的法律，能保障孩子们在学习、生活中的权利，让他们在安全、和谐的环境中成长。

听完林老师的讲解，孩子们都非常感兴趣。他们想要更深入地了解这个法律，他们想要看到《中华人民共和国未成人保护法》在实际生活中是如何运用的。于是，他们决定来到“探索乐园”，寻找一部关于《中华人民共和国未成年人保护法》的电影，希望通过观看电影，更加直观地理解这部法律，了解这部法律如何保护他们的权益。

在“探索乐园”工作人员的热情引导下，孩子们像一只只小鸟般欢快地来到了一个巨大的屏幕前。这个屏幕又高又大，仿佛是一扇神秘的大门，带领他们走进知识的殿堂。屏幕前的座位已经准备好。孩子们在工作人员的指引下坐下，脸上洋溢着期待的笑容。他们看着眼前的大屏幕，像是在等待一场精彩的冒险。就在这时，电影开始播放，屏幕上出现了一个活泼可爱、形象鲜明的机器人，它就是故事的主角——小保。小保是一个专门为了保护未成年人权益而制造的机器人，它的身体由许多先进的科技元素构成，看起来既神秘又亲切。小保的眼睛闪烁着智慧的光芒，它的身体则散发着坚定的力量。它的使命就是帮助孩子们了解并维护自己的权益，它是孩子们的朋友，也是他们的保护者。看着电影中小保的形象，孩子们仿佛看到了自己的影子，他们被小保的智慧和勇气深深吸引，也被它保护未成年人权益的坚定信念所感动。

在成长的过程中，小保遇到了各种各样的问题，其中包括校园欺凌、网络安全问题，等等。这些都是现实生活中许多孩子可能会遇到的问题，他们需要学习如何应对。

例如，在面对校园欺凌时，小保会向孩子们解释，每个人都有权利在没有恐惧和压力的环境中学习和生活，如果他们遭到欺凌，应该及时向老师和家长求助；在遇到网络安全问题时，小保会提醒孩子们，互联网是一个开放但同时也充满风险的世界，要学会保护自己的个人信息，避免成为网络诈骗的受害者。

无论遇到什么困难，小保都会以《中华人民共和国未成年人保护法》为武器，帮助孩子们解决问题，保护他们的权益。它详细地解释这部法律的具体条款，让孩子们明白他们拥有的权利，并教他们如何运用这部法律来保护自己。

每一次解决问题，小保都会强调《中华人民共和国未成年人保护法》的重要性，让孩子们明白，只有充分理解和运用这部法律，他们才能真正保护好自己的权益。电影的每一个场景、每一个问题，都是一节生动的教育课程，让孩子们在观看的同时，也学习了如何保护自己，如何成为一个了解自身权益、懂得尊重他人权益的公民。

这个电影以生动有趣的方式，向我们阐述了学习和了解《中华人民共和国未成年人保护法》的重要性。它不仅是一部保护未成年人权益的法律，更是一部帮助我们认识自我、学会自我保护的实用手册。

《中华人民共和国未成年人保护法》是一部全面保护未成年人权益的法律，它详细地列出了未成年人的各项权利，同时也规定了成年人对未成年人的义务。通过学习这部法律，我们可以了解到自己的权益，知道在面对不公平待遇时，我们如何通过法律手段来维护自身权益。

更重要的是，这部法律还让我们明白，保护权益并不只是别人的责任，更是我们自己的责任。只有这样，我们才能真正实现自我保护，才能让自己的权益得到充分的保障。

活动

（1）提出问题：本文中《中华人民共和国未成年人保护法》是为了保护谁的权益？

（2）小小畅想：让学生们想象一下，如果自己长大成了法律工作者，如何在工作中保护未成年人的合法权益。

评析

每一个未成年人，都应该成为自己权益的守护者。无论是在学校，还是在家庭，亦或是在社会的任何一个角落，我们都应该积极学习和运用《中华人民共和国未成年人保护法》，保护自己的权益，充分发挥自己的主观能动性。

《中华人民共和国未成年人保护法》不仅能让我们了解自己的权益，还能帮助我们学会自我保护，让每一个未成年人都成为自己权益的守护者。

扩展习题

1.《中华人民共和国未成年人保护法》最早颁布于（　　）年。

A. 1991　　B. 1992　　C. 1993　　D. 1994

2.《中华人民共和国未成年人保护法》的主要目的是（　　）。

A. 保护未成年人的教育权　　B. 保护未成年人的生活权

C. 保护未成年人的所有合法权益　　D. 保护未成年人的健康权

3. 根据《中华人民共和国未成年人保护法》，以下哪种权益是被保护的？（　　）

A. 未成年人可以自由选择学校　　B. 未成年人可以自由选择职业

C. 未成年人可以自由选择居住地　　D. 未成年人的人身、精神不受侵害

4. 根据《中华人民共和国未成年人保护法》，对未成年人的保护责任首先由（　　）承担。

A. 学校　　B. 社会

C. 家长或者其他法定监护人　　D. 政府

5.《中华人民共和国未成年人保护法》是为了保护（　　）的合法权益。

A. 已满 18 岁的公民　　B. 未满 18 岁的公民

C. 所有公民　　D. 妇女和儿童

6. 根据《中华人民共和国未成年人保护法》，以下哪项是未成年人的权利？（　　）

A. 参加社会活动的权利　　B. 投票选举的权利

C. 随意更换学校的权利　　　　　　D. 随意离家出走的权利

7. 根据《中华人民共和国未成年人保护法》,对侵犯未成年人权益的行为应(　　)。

A. 忽视不管　　B. 私下解决　　C. 依法追究责任　　D. 社区调解

8. 根据《中华人民共和国未成年人保护法》，对未成年人进行身心虐待的行为属于(　　)。

A. 合法行为　　B. 道德问题　　C. 非法行为　　D. 家庭纠纷

9. 根据《中华人民共和国未成年人保护法》，以下哪项是违法的？(　　)

A. 强迫未成年人劳动

B. 未成年人参加校外兴趣小组

C. 未成年人在家长陪同下参加儿童节活动

D. 未成年人在老师指导下完成学习任务

10. 根据《中华人民共和国未成年人保护法》，以下哪项不属于未成年人监护人应当尊重和保障的未成年人权利？(　　)

A. 隐私权　　B. 财产权　　C. 结婚权　　D. 都是

11. 六一国际儿童节是(　　)设立的。

A. 1949 年　　B. 1950 年　　C. 1951 年　　D. 1952 年

12. 六一国际儿童节设立的原因和目的是(　　)。

A. 悼念利迪策村和全世界所有在法西斯侵略战争中死难的儿童

B. 反对帝国主义战争贩子虐杀和毒害儿童，保障儿童权利

C. 保障世界各国儿童的生存权、保健权和受教育权，改善儿童的生活

D. 以上全是

13. 国际儿童节日期是(　　)。

A. 6 月 1 日　　B. 5 月 1 日　　C. 4 月 1 日　　D. 7 月 1 日

14. (　　)在 1949 年决定将 6 月 1 日设为六一国际儿童节。

A. 联合国教科文组织　　　　　　B. 联合国儿童基金会

C. 国际民主妇女联合会　　　　　D. 世界卫生组织

答案：ACDCB ACCAC ADAC

6.“我是中国人”主题班会

一棵树没有根就无法生长，一个人没有国籍就难以安居乐业。从出生起，国籍就是一个人身份的基础，否则人便如无源之水、无本之木，失去归属与保障。我国于 1980 年颁布的《中华人民共和国国籍法》正是确立中国公民国籍身份的根本法律，它明确了国籍的取得、丧失和恢复的条件，不仅维护了公民的合法权益，也规范了国籍管理。

国籍不仅赋予我们法律身份，更保障了我们的社会权利，同时维护了国家的主权与国际法律秩序。今天，我们通过这次主题班会，一起探讨《中华人民共和国国籍法》的重要意义，理解它如何影响我们的成长与发展。

互动交流 1 “我是中国人”

钱学森是中国杰出的科学家，在航天领域做出了巨大的贡献。然而，许多人可能不知道，他的一生中也曾有过许多曲折。

早年间，钱学森在美国接受了高等教育，并在那里成为一名杰出的科学家。然而，他始终心怀祖国，决定回到中国为祖国的科技事业贡献自己的力量。

1955 年，钱学森准备返回中国的消息在美国引起了轩然大波。当时的美国政府对他进行逮捕，并指控他为中国提供了军事机密。在被关押的日子里，钱学森经受了许多的压力和折磨。

然而，面对这些困难，钱学森并没有屈服。在接受审判的时候，他大声地说：“我是中国人，我永远都会是中国人。我对我的祖国有着深深的热爱，我从没有向任何人泄露过任何机密。”

最终在多方努力下，钱学森返回了中国，并为中国的航天事业发展做出了巨大的贡献。

其实不管身处何地，我们都应该为自己是中国人而感到骄傲，并且始终热爱和忠于自己的祖国。

活动

（1）故事分享：通过播放电影片段及一些新闻纪录片，让学生感受“我是中国人”

这几个字的意义。

（2）交流讨论：让学生自己踊跃发言，谈谈身为中国人的感受（如，我是中国人，我为自己是中国人感到……，因为……）。

评析

国籍是指个人具有的某个国家国民或公民的法律身份，是确定其公民权利与义务的法律依据，也是获得该国外交保护的前提条件。

互动交流 2 “我永远为我是中国人而感到骄傲”

郎朗是一个才华横溢的音乐天才，他从小便展现出对音乐的超凡天赋。在他十岁那年，他就被邀请与北京中央音乐学院的交响乐团合作演出，引起了音乐界的广泛关注。此后，他开始在国际舞台上展现自己的才华，赢得了无数观众的赞赏。然而，郎朗的成功之路并非一帆风顺的。在他年轻的时候，他曾面临许多困难和挑战。在美国就读期间，他遇到了语言和文化的障碍，但他从未放弃，坚持努力学习和演奏。他还在欧洲进行音乐进修，磨砺自己演奏技巧的同时，对艺术进行不断的探索。这些经历锻造了他坚韧不拔的品质和对音乐的深刻理解。

尽管在国外生活多年，郎朗始终保持着对中国文化和传统的热爱。他在音乐中融入了中国元素，将中国的古典音乐和民族音乐带到了世界舞台。在他的音乐作品中，常常可以听到中国曲调的独特韵味，这使他在国际乐坛上独树一帜，成为全球华人的骄傲。尽管他有机会获得其他国家的国籍，但郎朗始终坚守着自己的中国国籍。他深知自己的身份，对祖国充满了敬意和感激之情。他多次代表中国参加国际音乐比赛和演出，为中国争光，展现了中国音乐的魅力。

郎朗的故事告诉我们，无论走到哪里，都不能忘记自己的“根”。只有热爱自己的国家，尊重自己的国籍，才能真正展现一个人的价值和尊严。

成龙曾发文回忆 1997 年香港回归时的场景，他说：“1997 年香港回归，我们终于有了自己的祖国可以依靠，走到哪里都可以自豪地说，我是一个中国人。那一年，我在回归晚会上唱的是《龙的传人》，‘古老的东方有一条龙，它的名字就叫中国’。一转眼，25 年过去了，昨夜，在香港回归祖国 25 周年晚会上，我唱的是《中华力量》，‘国为我强，我为国强，看我东方，中华强’。两次登台表演，心中总是充满对祖国的爱和对同胞的祝福。祈愿国泰民安，山河无恙。”

评析

通过名人事迹来提醒学生：无论我们身在何处，无论我们取得多大的成就，始终不能忘记我们的国籍和身份。我们应该为我们的祖国感到骄傲，同时也应该用我们的行动来为祖国的发展做出贡献。

互动交流 3 《中华人民共和国国籍法》知识闯关竞赛

为了帮助同学们加深对《中华人民共和国国籍法》的认识和了解，班主任和班委一起精心设计了这场《中华人民共和国国籍法》知识闯关竞赛，希望更多的同学关注《中华人民共和国国籍法》。

大赛目标

通过知识竞赛的“闯关”形式，普及《中华人民共和国国籍法》相关知识，让学生了解国籍的重要性和相关法律规定。通过竞赛题目，锻炼学生的逻辑思维和应变能力。鼓励全班同学积极参与，培养团队合作精神和竞争意识。

准备阶段

确定竞赛内容：与班主任和班委一起，根据《中华人民共和国国籍法》的主要内容，设计竞赛题目，包括选择题、判断题、填空题、简答题、情境模拟题等。

制定规则：明确竞赛规则，包括参赛方式、时间限制、评分标准等。

宣传动员：通过班级公告、社交媒体等方式，向全班同学宣传知识竞赛的目的和意义，鼓励大家积极参与。

闯关任务 1——《中华人民共和国国籍法》知识竞赛

分组：将全班同学分成 4~6 人的若干小组，每组人数尽量相等，确保公平竞争。

竞赛：在规定的时间内，各小组解答题目，可以设置必答题和抢答题环节。

互动：设置观众答题环节，增加现场的互动性和趣味性。

评分：由班主任和学生代表组成的评委团对各小组的答案进行评分，并现场公布结果。

闯关任务 2——“我是小大使”

准备：提前准备一些国家的介绍 PPT 或海报，展示该国的国旗、国徽、文化习俗等。

内容：每组学生选择一个国家，扮演该国的“小大使”，向班级介绍该国的国籍政策和文化特色。

评分：由班主任和学生代表组成的评委团对各小组的答案进行评分，并现场公布结果。

闯关任务 3——“国籍法小法庭”

准备：设计一些与《中华人民共和国国籍法》相关的案例，如国籍申请被拒、双重国籍问题等。

内容：模拟法庭审判，学生扮演法官、律师、原告和被告，就国籍相关案例进行模拟辩论。

评分：由班主任和学生代表组成的评委团对各小组的答案进行评分，并现场公布结果。

活动总结

总结：按照各个环节闯关任务的成绩进行汇总排序，选出得分前 3 名的小组进行奖励。

反馈：通过问卷调查或口头反馈的方式，收集同学们对本次活动的意见和建议。班委会根据反馈结果，总结本次活动的成功经验和需要改进的地方。

评析

通过学习《中华人民共和国国籍法》，同学们可以明确自己作为国家公民所享有的权利和应承担的义务，如选举权、被选举权、纳税义务等。而且还要了解国籍取得、丧失和恢复的条件，在自己面临国籍问题时，能够依法维护自己的合法权益。

互动交流 4 国籍的选择

小陈的父亲是中国人，母亲是加拿大人。根据《中华人民共和国国籍法》，由于父亲是中国公民且未定居国外，小陈出生即自动获得中国国籍。与此同时，根据加拿大的国籍法，小陈也有权取得加拿大国籍，因为他的母亲是加拿大公民。小陈的父母在面临这个选择时，考虑到小陈父亲在中国的业务和小陈在中国的成长环境，他们最终决定让小陈保留中国国籍。他们认为，中国是小陈的祖国，他将在中国接受教育，熟悉中国的语言和文化，这样可以更好地了解自己的本源。

这个选择对小陈来说具有重要意义。作为中国国籍的持有者，他将享有中国公民的权利和义务，他也可以更好地与自己的家人和祖辈保持联系，了解和传承自己的文化和传统。小陈的父母对这个选择感到满意，并相信这将为小陈的未来发展奠定坚实的基础。

随着小陈的成长，他做出了一个重要的决定——去加拿大学习。在加拿大生活了几年后，小陈逐渐喜欢上了这个国家，并决定在加拿大定居下来。为了实现这个目标，他决定申请加拿大国籍。根据《中华人民共和国国籍法》，当一个中国公民自愿申请加入外国国籍，且该国批准其加入，那么该中国公民将自动丧失中国国籍。因此，如果要申请加拿大国籍，那么他必须放弃中国国籍。

小陈决定放弃中国国籍，希望能够在加拿大追求发展机会，实现自己的梦想。在加拿大，小陈面临新的挑战和机遇。他融入加拿大的多元文化，学习和尊重当地的价值观和传统。同时，他也保持与中国的联结，继续学习中国文化，与家人和朋友保持紧密的联系。

几年后，小陈在加拿大过着不错的生活，但他始终放不下对中国的牵挂，忘不了自己成长的那一片故土。经过深思熟虑，他决定重新申请中国国籍，希望能够恢复自己的中国国籍。

活动

（1）请同学们讨论：一个人能拥有“双重国籍”吗？不同的国家对“双重国籍”是怎么规定的？举出 3 个国家的事例。

（2）根据《中华人民共和国国籍法》，小陈如果想申请恢复中国国籍应该履行什么程序？如果被批准，那他还能保留加拿大国籍吗？

评析

国籍是一个人的法律身份，但它并不能改变一个人的心灵归属。无论身在何处，我们都可以为我们热爱的国家和社会做出贡献。

扩展习题

1. 根据《中华人民共和国国籍法》，中国公民在国外（　　）。

A. 可以随意更换国籍　　B. 可以享受中国的医疗待遇

C. 可以参加中国的选举活动　　D. 享有中国的领事保护和协助

2. 根据《中华人民共和国国籍法》，以下哪种情况下，中国公民将会丧失中国国籍？（　　）

A. 在国外居住超过 5 年　　B. 未经批准而加入外国军队

C. 自愿加入外国国籍　　D. 婚配外国人

3. 外国人或无国籍人，愿意遵守中国宪法和法律，并具有哪些条件之一的，可以经申请批准加入中国国籍？（　　）

A. 中国人的近亲属　　B. 定居中国

C. 有其他正当理由　　D. 以上所有选项

4. 根据《中华人民共和国国籍法》，通过以下哪种方式不能获得中国国籍？（　　）

A．出生于中国境内，父母至少一方为中国公民

B．自愿加入或取得外国国籍的

C．归化

D．父母双方或一方为中国公民，本人出生在外国

5. 以下哪项不是获取国籍的一般方式？（　　）

A. 出生地原则　　B. 血统原则　　C. 入籍　　D. 购买

6. 在中国，一个人可以同时具有中国国籍和其他国家的国籍吗？（　　）

A. 是

B. 否

C. 只有在特殊情况下可以

D. 取决于双重国籍的国家是否与中国有协议

7. 中华人民共和国公民的权利包括（　　）。

A. 平等权、人身自由权、社会经济权、特定主体权利

B. 政治权利和自由、宗教信仰自由、文化教育权

C. 监督权和取得国家赔偿权

D. 以上全是

8. 中华人民共和国公民的义务包括（　　）。

A. 维护国家统一和全国各民族团结，依法纳税

B. 遵守宪法和法律，维护祖国的安全、荣誉和利益

C. 保卫祖国，依法服兵役和参加民兵组织

D. 以上全是

答案：DCDBD BDD

7.“今天我是升旗手”主题班会

相信在座的每一位同学，都曾经满怀崇敬与激动的心情看着国旗升起，产生强烈的爱国之情。而国旗，这一代表着我们祖国的尊严和荣耀的五星红旗，是我们每一个公民心中的骄傲。

国旗是我们祖国的象征，它见证了我们伟大的祖国从无到有、从弱到强的历程，它承载了我们中华民族的希望和梦想。每当看到鲜艳的五星红旗在风中飘扬，我们都会深感自豪，心中充满对祖国的热爱和敬仰。

然而，对国旗的敬仰和尊重，不应仅深埋在我们的心中，更应该通过我们的行动来体现。我们应该了解并遵守《中华人民共和国国旗法》，知道正确地升挂国旗和向国旗敬礼的方式，知道在何时何地应当升挂国旗，什么情况下可以使用国旗，什么样的行为是对国旗的亵渎，等等。

我们通过本章班会来学习《中华人民共和国国旗法》，了解升旗手的职责和荣誉。让我们一同为祖国旗帜的升起、为祖国的繁荣昌盛而自豪。

互动交流 1 中国国旗的寓意

在中国的国旗上，有一颗大星和四颗小星。这五颗星并非随意摆放，而是中国人民大团结的象征。

故事的主角是五颗星星。大星最大最亮，它代表中国共产党，是领导者和引导者。四颗小星分别代表中国的各个阶级：工人、农民、小资产阶级和民族资产阶级。

过去，这些星星各自独立，各自发光，但它们的力量分散，不能照亮大地。直到有一天，大星找到它们，告诉它们，只有团结起来，它们的光芒才能照亮整个中国，驱散黑暗。四颗小星被大星的话深深打动，它们决定围绕大星，共同发光发热。

从此，中国的天空更加明亮，人们的生活也越来越好。它们的团结，成为所有中国人民的骄傲。

1949 年，中国人民政治协商会议筹备会发出了征求国旗图案的通知，全国各地的人们纷纷响应，将自己设计的国旗寄往北京。这些国旗的设计，就像一幅幅充满希望和梦想的画。

其中，一位在战场上英勇奋战的战士用他的笔，生动地描绘了人民解放军战士利用战斗间隙讨论国旗图案的情景。他们在炮火的轰鸣声中，热烈讨论，各抒己见。其中一位战士兴奋地说：“征求国旗图案的意见，说明新中国很快就要成立了，等新中国成立那天，我要握着枪戴上立功奖章，在国旗下庄严地照一张相片。”

短短一个月的时间里，相关政府部门共收到了近3000幅国旗图案，甚至有23幅图案是远在美洲的华人寄来的。这些国旗图案，蕴含了海内外华人对祖国深深的热爱和期待，他们用最深情的话语和最真挚的笔触，向祖国献上了他们的祝福。

活动

（1）请班级的升旗手分享一下升国旗的经历，以及在升旗时自己的感受。

（2）请同学们讲一讲国旗上每个五角星以及国旗的颜色所代表的意义。让同学们踊跃发言，各抒己见。

评析

中国国旗上五颗星的寓意深远，它象征着全国人民的大团结，告诉我们只有大家团结一致，才能让祖国的明天更加繁荣昌盛。

互动交流2 中国国旗的设计

1949年，中华人民共和国即将成立，为此，全国上下对于国旗图案都非常关心，一则《征求国旗国徽图案及国歌词谱启事》也在各大报纸上刊载。这个消息引起了各行各业人们的强烈反响，包括在上海现代经济通讯社工作的曾联松。

曾联松虽然接受的是经济学的教育，但他有着良好的美术基础，对于书法和绘画有着极高的热爱。他决定参与国旗的设计，以此向中华人民共和国表示敬意。他详细研究了国旗设计的要求：体现中国特征（如地理、民族、历史、文化等），政权特征（工人阶级领导的以工农联盟为基础的人民民主专政）；形状为长方形，长宽比例为3:2，以庄严简洁为主；色彩以赤色为主，可用其他配色。经过反复推敲和设计，他最终设想出以一颗大五角星象征中国共产党、四颗小星星象征广大人民的设计方案。

他购买了一大捆彩色油光纸和专门的剪刀、糨糊和尺子。他将大量的时间投入设计国旗中，每天下班后就将自己关在阁楼里忙碌，一直到设计完成。

他将五颗星排列成椭圆形，如秋海棠叶子，象征我国的疆域领土，这是地理特征。星星为黄色，因为中华民族是黄色人种，这是民族特征。底图为红色，象征革命，表示革命人民大团结。他还在大星星中嵌上了镰刀、斧头，表示中国的革命具有国际意义。

在经过近一个月的努力后，曾联松终于完成了自己的国旗设计稿，并在最后截止日期前寄给了新政治协商会议筹备会。

曾联松的设计稿被选进《国旗图案参考资料》，但并不是曾联松设计的原稿，而是综合评审意见修改过后的修改稿，去掉了原稿中的镰刀和斧头图案，编为复字 32 号。这就是五星红旗。

1949 年 9 月 27 日，中国人民政协会议第一届全体会议全体一致通过：中华人民共和国的国旗为五星红旗，象征中国革命人民大团结。两天后，《人民日报》公布了国旗的具体样式和制作方法。

1949 年 10 月 1 日下午，中央人民政府秘书长林伯渠宣布开国大典典礼开始，军乐队奏起国歌，毛主席亲自按动电钮，中华人民共和国第一面五星红旗冉冉升起，飘荡在天安门广场上空，也飘荡在人民的心中。

1950 年，曾联松应邀参加了中华人民共和国成立一周年的庆典。这是他第一次站在天安门城楼上，看着自己设计的五星红旗冉冉升起，他的眼泪止不住地流下来。

1979 年，曾联松再次被邀请参加中华人民共和国成立 30 周年的庆祝活动。

曾联松谦虚地表示，国旗的设计并非他一个人的功劳，而是广大政协委员集体智慧的结晶。他们对原始设计进行了修改，使得国旗的图案更加简洁明了，主题更加突出。

活动

（1）讲故事：讲述五星红旗诞生的经过。让学生们了解五星红旗设计的故事，同时也了解五星红旗的设计者对于中华人民共和国的敬意与期盼。

（2）播放视频：播放一些纪录片及影片片段（如电影《开国大典》《我和我的祖国》等），让学生们了解开国大典前后，国家领导人和工作者为国旗设计付出的心血，以及他们对国家的期盼与向往。

（3）制作国旗：假设现在是国庆，需要每个人按照标准制作一面小的五星红旗，让同学们自己动手制作，在制作的过程中感受国旗的意义。

评析

五星红旗是中华人民共和国的国旗，是中华人民共和国的象征和标志。新时代的学生不仅要认识国旗的图案，更要理解它背后的深刻含义。

互动交流 3 尊重国旗

在一个小城市里，有个叫小强的少年，他是个调皮的男生。一天，小强在公园里闲逛时，突然看到一面被风吹落在地上的国旗。他没有起身去捡起并收好国旗，反而顽皮地踩了上去。这时一位老人走了过来。老人看到小强的举动，脸上露出了不满和失望的表情。他走到国旗旁，小心翼翼地将国旗捧起来，轻轻地为国旗擦拭尘埃。

老人停下来，严肃地看着小强。他开始讲述国旗的意义和象征，告诉小强国旗代表着一个国家的尊严和荣耀，是无数先辈们为了自由和独立而流血牺牲的象征。

正好，这一幕被巡逻的警察看到了。警察告诉小强，侮辱、污损、破坏国旗是严重违法的行为，根据《中华人民共和国国旗法》，他的行为涉嫌违法，可能面临法律的制裁。小强听后感到非常后悔和害怕，他深刻意识到自己的行为是多么不负责任。他向警察诚挚地道歉，并保证以后会更加尊重国旗，遵守法律。

警察选择了教育和警示的方式，为小强提供了一份关于《中华人民共和国国旗法》的宣传资料，希望他能够深入了解国旗的重要性，并向身边的人传递正确的国旗文化和尊重国旗的观念。

从那天开始，小强开始主动参与社区的志愿活动，他帮助清理公园、植树造林，并积极参加升旗仪式。他努力传递着对国旗的尊重和热爱，希望能够让更多的人理解国旗的意义。

评析

国旗是一个国家的象征，它代表着一个国家的尊严和荣耀。我们每个人都应该学会尊重和珍惜国旗，不论我们是年幼的孩子还是成年人，都应该以负责任和尊重的态度对待国旗。通过尊重国旗，我们能够培养强烈的爱国情怀，激励自己为国家的繁荣和进步做出贡献。

扩展习题

1. 五星红旗的五颗星中，一颗大的五角星代表的是（　　）。

A. 广大的工人阶级　　B. 中国共产党

C. 建设者们　　D. 所有的中国人民

2. 五星红旗的四颗小星象征的是（　　）。

A．四个社会阶级　B．四个方向　C．四个民族　D．四个省份

3. 五星红旗上的五角星为什么是黄色的？（　　）

A. 黄色代表希望　　B. 黄色代表土地

C. 黄色代表中华民族　　D. 黄色代表财富

4. 五星红旗的底色红色代表（　　）。

A. 热情　B. 勇敢　C. 革命　D. 爱心

5. 五星红旗是（　　）设计的。

A. 毛泽东　B. 曾联松　C. 周恩来　D. 邓小平

6. 中华人民共和国国旗的旗面上有（　　）颗星。

A. 3　B. 4　C. 5　D. 6

7. 中华人民共和国国旗的长与高之比是（　　）。

A. 1∶1　　B. 2∶1　　C. 2∶3　　D. 3∶2

8. 中华人民共和国国旗上大五角星的外接圆直径是旗高的（　　）。

A. 1/3　　B. 1/2　　C. 2/3　　D. 1/1

9. 中华人民共和国国旗上小五角星的外接圆直径是旗高的（　　）。

A. 1/10　　B. 1/5　　C. 1/3　　D. 1/2

10.《中华人民共和国国旗法》是在哪一年正式通过并施行的？（　　）

A. 1980 年　　B. 1985 年　　C. 1990 年　　D. 1995 年

11. 根据《中华人民共和国国旗法》,国旗是由什么颜色的星星和底色组成？（　　）

A. 黄色星星，红色底色　　B. 白色星星，蓝色底色

C. 红色星星，黄色底色　　D. 蓝色星星，白色底色

12. 根据《中华人民共和国国旗法》，以下哪种情况，我国会下半旗志哀？（　　）

A. 国家领导人逝世　　B. 对国家有杰出贡献的人逝世

C. 发生重大伤亡事件或严重自然灾害　　D. 以上全是

13. 我国在以下哪些事件后举行过降半旗仪式？（　　）

A. 2008 年的汶川地震　　B. 2010 年的玉树地震

C. 舟曲泥石流灾害　　D. 以上全是

14. 根据《中华人民共和国国旗法》，升旗仪式时应该进行什么活动？（　　）

A. 播放国歌　　B. 播放地方歌曲　　C. 播放校歌　　D. 播放国际歌

15. 在国旗升起的过程中，现场人员应该（　　）。

A. 随意行走　　B. 面向国旗肃立，行注目礼

C. 拍手鼓掌　　D. 大声交谈

16. 下列哪个地方每日举行升旗仪式？（　　）

A. 上海外滩　　B. 北京天安门广场

C. 广州琶洲塔　　D. 杭州西湖

17. 学校除假期外，多长时间举行一次升旗仪式？（　　）

A. 每天一次　　B. 每周一次　　C. 每月一次　　D. 每学期一次

答案：BACCB CDAAC ADDAB BB

8.“国际消除家庭暴力日”主题班会

家庭是每个人的避风港，是我们的归宿，是我们生活的后盾。然而，有一种现象，正在破坏这个港湾，损害着我们的生活，那就是家庭暴力。家庭暴力不仅会对受害者造成身心伤害，甚至可能导致家庭破裂，给孩子的成长带来严重的负面影响。

2016年，我国正式实施了《中华人民共和国反家庭暴力法》。这是我国第一部专门针对家庭暴力问题的法律，旨在保护家庭成员的合法权益，预防和制止家庭暴力，维护家庭和睦，促进社会和谐。

《中华人民共和国反家庭暴力法》的实施，让我们看到了希望，我们每个人都有责任和义务对家庭暴力说“不”。我们应宣传和推广这部法律，让更多的人知道，家庭暴力是违法的，受到家庭暴力的人有权利起诉，有权利保护自己。

本章的班会，我们就围绕这个主题进行深入的讨论和交流。我们要通过这次班会，了解家庭暴力的严重危害，理解《中华人民共和国反家庭暴力法》的内容，了解如何预防和应对家庭暴力。让我们每一个人都成为维护家庭和谐、对家庭暴力说“不”的积极行动者。

让我们一起，用知识和法律武装自己，用勇气和决心保护自己和他人，对家庭暴力说“不”！期待在接下来的时间里，大家能积极参与，踊跃发言，共同完成这个有意义的班会。

互动交流 1 对家庭暴力说“不”

在一个小镇上，住着一个名叫小赵的男孩。他的父亲是一个严厉的人，常常因为小赵的学习成绩不佳或者行为举止不当对他进行打骂。小赵的母亲也因为害怕他的父亲，往往选择保持沉默，不敢为小赵提供支持和保护。

每次回家，小赵都会感到恐惧，他害怕父亲的责骂和打击，他的生活充满了压力和恐惧。父亲的暴力行为对小赵的心理造成了严重的创伤，他变得沉默寡言，不再和同学们一起玩耍。他渐渐失去了对学习的兴趣，学习成绩开始下滑。

小赵的心理健康受到了极大的影响。他常常感到自卑和无助，对未来感到迷茫和恐惧。他开始回避与他人的交流，害怕被人发现自己家庭的秘密。他渴望有人能够理解和帮助他，但他又害怕寻求帮助会带来更多的麻烦和伤害。

一天，小赵的老师发现了他的变化，她注意到小赵身上经常出现伤痕，他的眼神中充满了恐惧。老师深感担忧，决定与小赵进行一次私下的交谈，希望了解他的情况并提供帮助。小赵终于鼓起勇气，向老师诉说了他所遭受的虐待。了解到小赵所经历的家庭暴力后，老师立即意识到这是一种严重的情况，需要采取紧急行动来保护小赵的安全。她立即与学校的相关部门和社工机构取得联系，并向他们详细说明了小赵的遭遇。学校和社工机构一起介入，他们与警察合作，请求对小赵的父亲进行调查。他们还帮助小赵的母亲申请了“人身保护令”，以确保她和小赵的安全。这项措施能够限制小赵的父亲接近他们，并提供法律保护。小赵和他的母亲被安置到了安全的地方，远离了家庭暴力的威胁。

在安置和保护期间，小赵和他的母亲得到了专业的心理支持和辅导。心理咨询师和社工人员与他们进行了面对面的交流，帮助他们处理所遭受的创伤。社工人员为小赵提供了安全的环境，让他能够逐渐恢复信心和快乐。

同时，社工机构还与相关机构和组织合作，制订了一项综合的计划，以保护小赵和他的母亲免受进一步的伤害。他们提供了法律援助和社会服务，协助小赵的母亲解决住房、经济和就业等问题，帮助她重新独立生活。

经过一段时间的心理咨询和关怀，小赵的情绪逐渐稳定下来，他开始重新学习并开始社交。他的母亲也找到了工作，开始独立生活。

活 动

（1）故事分享：让学生们踊跃发言，讲述自己所知道的或是从媒体上看到的家庭暴力案例。

（2）角色扮演：把学生们分成几个小组，将家庭暴力的案例编成小故事，写出不同的故事结局，让大家去演。引导学生在角色中体会受到家庭暴力的人的感受，然后思考家庭暴力的解决方法。（如，将小组分为获得他人帮助成功阻止暴力组、自身反抗成功阻止暴力组、忍气吞声反暴失败组。由小组代表抽签，随后小组成员进行演绎。）

（3）交流讨论：引导学生讨论遇到家庭暴力后，应该如何处理。

评 析

这个故事提醒我们，家庭暴力是一种严重的社会问题，它不仅会对受害者造成身体伤害，还会对他们的心理造成深远影响。我们每个人都有责任去揭露家庭暴力，保护孩子们的权益。

《中华人民共和国反家庭暴力法》是为了预防和制止家庭暴力的发生，保护家庭成员的合法权益，维护平等、和睦、文明的家庭关系，促进家庭和谐、社会稳定而制定的。它的出台给了家庭暴力的受害者们勇气和保护，让他们能够摆脱暴力的阴影，重新开始新的生活。

互动交流 2 反家暴心理剧

活动目标

通过心理剧表演，让学生了解《中华人民共和国反家庭暴力法》的内容和重要性，增强对家庭暴力问题的认识，了解家庭暴力的危害。通过角色扮演和情景模拟，培养学生的同理心和责任感。鼓励学生在家庭中倡导非暴力行为，成为反家暴的宣传者和实践者。

准备工作

（1）剧本创作：组织学生编写以反家庭暴力为主题的心理剧剧本，剧本要贴近生活，能够反映家庭暴力的现实问题和法律解决途径。

（2）角色选拔与排练：选拔参与表演的学生，分配角色，并在专业老师的指导下进行排练。

（3）心理剧表演：在校内或社区进行心理剧的公开表演，邀请学生、家长和社区居民观看。

（4）互动讨论：表演结束后，组织观众进行讨论，分享观后感，讨论如何预防和应对家庭暴力。

（5）法律知识普及：在活动中穿插《中华人民共和国反家庭暴力法》的普及环节，通过展板、手册等形式向观众介绍相关法律知识。

角色人物

林小平：因家庭暴力而反抗的妇女，受害者。

果儿：林小平的女儿，见证家庭暴力的青少年。

崔友来：林小平的丈夫，施暴者。

张敏：心理咨询师。

剧情概要

第一幕：家庭风暴

场景设定：林小平的家，一个普通的傍晚，屋内气氛紧张。

人物形象：林小平——穿着朴素，神情疲惫，眼神中透露出无奈和恐惧。崔友来——身材魁梧，面色阴沉，手中的酒瓶显示了他的酗酒问题。果儿——一个瘦弱的少女，大眼睛中充满了恐惧，紧紧抱着一本课本。

对话与行为：

崔友来（怒吼）：“你这个没用的女人，看看你做的饭！”

林小平（颤抖）：“我已经很努力了，友来，求你不要这样……”

果儿（哭泣）：“爸爸，不要再打妈妈了！”

崔友来挥拳，再次对林小平施暴。

心理描写：林小平内心充满了绝望，她感到自己被困在一个无法逃脱的循环中。果儿感到极度地不安全和恐惧，她害怕自己未来也会被这样的阴影笼罩。

第二幕：寻找帮助

场景设定：心理咨询师张敏的办公室，温馨而安静。

人物形象：张敏——穿着专业的心理咨询师服装，眼神温和，给人以安全感。

对话与行为：

张敏（温柔）：“林小平，我知道你经历了很多，这里是一个安全的空间，你可以自由地表达自己的感受。”

林小平（哭泣）：“我不知道该怎么办，我觉得自己很失败……”

张敏（鼓励）：“你并不孤单，我们有很多资源可以帮助你。”

心理描写：林小平开始意识到自己需要帮助，她的内心有了一丝希望。张敏通过专业的引导，让林小平感到被理解和支持。

第三幕：觉醒与学习

场景设定：社区中心，有一场关于《中华人民共和国反家庭暴力法》的讲座。

人物形象：律师——穿着正式，语气坚定，向在场的人普及法律知识。

对话与行为：

律师（讲解）：“根据《中华人民共和国反家庭暴力法》，每个人都享有不受暴力侵犯的权利，法律会保护你们。”

林小平（认真听）：“我真的可以告他吗？”

律师（肯定）：“当然，我们会帮助你收集证据，支持你提起诉讼。”

心理描写：林小平开始觉醒，她意识到自己有权利反抗暴力，有权利追求安全和有尊严的生活。果儿开始看到一丝希望，她希望自己和妈妈能够摆脱这种生活。

第四幕：勇敢的一步

场景设定：法院外，林小平准备提起诉讼。

人物形象：林小平——穿着整洁，虽然紧张，但眼神坚定。果儿——紧握妈妈的手，给予支持。

对话与行为：

林小平（坚定）：“我准备好了，为了我和果儿的未来，我必须站出来。”

果儿（鼓励）：“妈妈，你很勇敢，我为你骄傲。”

心理描写：林小平虽然内心紧张，但她感到自己充满了力量，她知道自己正在为正义和自由而战。果儿感到自豪和鼓舞，她看到了妈妈的勇气和决心。

第五幕：新的开始

场景设定：一个新的家，林小平和果儿开始了新生活。

人物形象：林小平——面带微笑，看起来更加自信和放松。果儿——更加开朗，笑容灿烂。

对话与行为：

林小平（感慨）：“新的生活开始了，我们会更加坚强。”

果儿（兴奋）：“妈妈，我喜欢我们的新家，我喜欢现在的你。”

心理描写：林小平感到前所未有地自由和轻松，她知道尽管未来的道路上可能还有挑战，但她已经准备好面对。果儿对未来充满了希望，她知道无论发生什么，她和妈妈都会一起面对。

大结局：林小平和果儿在社区的支持下，开始了新的生活。他们的故事激励了周围的人，提醒社会关注家庭暴力问题。林小平成为反家暴活动的志愿者，她用自己的经历鼓励其他受害者寻求帮助，勇敢地站出来对抗暴力。

活动总结

心理剧成功引起了学生和社区对家庭暴力问题的关注，增强了法律意识。要定期举办类似的心理剧表演活动，持续推广反家庭暴力的法律知识。可以通过问卷调查和现场讨论等方式，收集观众对心理剧的反馈，评估活动的影响力。

评析

通过形式多样的宣传教育活动，可以有效地提高学生对家庭暴力问题的认识，增强自我保护能力，促进家庭和谐和社会稳定。

互动交流3 用法律的武器武装自己

小蒋是三年级的小学生，他的父母都是繁忙的上班族，因此家里的事务大多由他的爷爷负责。然而，随着年纪的增长，爷爷的脾气变得越来越暴躁，他有时会对小蒋说脏话，甚至动手打他。这种家庭暴力对小蒋的身心健康产生了严重的负面影响。小蒋无法获得温暖和关爱，时常面临爷爷的辱骂和暴力。这不仅伤害了他的自尊心、影响了他的心理健康，也阻碍了他的学习和社交能力的发展。

小蒋一直忍受着家庭暴力的折磨，直到有一天，在学校的班会课上，他得知了《中华人民共和国反家庭暴力法》的存在。他了解到，如果遭受家庭暴力，可以向公安机关投诉并获得保护。小蒋鼓起勇气，决定站出来保护自己。小蒋来到附近的派出所，向警察讲述了自己遭受的家庭暴力。警察认真倾听了他的叙述，立刻对小蒋的情况进行了记录，并确保相关证据得到保留。警察告诉小蒋，他们会尽快处理这个问题，并保证他的安全。

几天后，警察来到了小蒋的家，对他的爷爷进行了教育。他们向爷爷解释了《中华人民共和国反家庭暴力法》的相关条款，并强调了家庭和谐与亲情的重要性。警察提醒爷爷要控制自己的脾气，不能再对小蒋使用暴力，并告诉他，如果再发生类似的行为，将会面临法律的制裁。

与此同时，警察也与小蒋的父母进行了沟通，提醒他们需要更加关注小蒋的生活和成长。他们强调了父母的责任和义务，要求他们提供一个安全、温暖的家庭环境，保护孩子的权益和福祉。警察还提供了一些家庭教育的建议，帮助父母改善与孩子的关系，重建家庭的亲密和谐。

通过警察的介入和教育，小蒋的家庭环境得到了改善。爷爷意识到了自己的错误，并开始尝试控制自己的情绪。父母也开始更加关注小蒋的生活，给予他更多的关爱和支持。

自那以后，小蒋的爷爷不再对他动手了，小蒋的父母也开始更多地关心他。小蒋感到生活变得更美好了，他明白了，当自己的权益受到侵犯时，一定要勇敢地站出来保护自己。小蒋从警方的介入和教育中学到了很多。他意识到自己有权利被尊重和保护，不能再容忍家庭暴力的发生。

小蒋的勇敢行动不仅改变了他自己的生活，也给予其他可能遭受家庭暴力的孩子希望和勇气。他成为正义和公平的倡导者，鼓励其他受害者勇敢站出来，保护自己的权益。

活动

（1）引导学生讨论：家庭暴力对小朋友有什么影响？

（2）情境和游戏体验：通过设计，让学生在实际情境、模拟情境或想象情境中去体验、思考、分析，获得亲身感受后进行讨论与反思。

评析

让学生们学会用法律武器保护自己，为自己争取利益，学会对家庭暴力说“不”。

互动交流 4 “反家庭暴力”活动进校园

活动目标

邀请法律顾问、心理学家、社区工作者进入校园，宣传《中华人民共和国反家庭暴力法》。引发学生对家庭暴力问题的关注，提高他们的法律意识和自我保护能力。为有特殊情况的学生提供一对一的咨询和救助。

活动准备

设计宣传板、宣传册，布置咨询台，准备讲座的会场等。

邀请家长共同参与。

活动内容

法律知识讲座：由法律专家讲解《中华人民共和国反家庭暴力法》的立法背景、主要内容和实际应用情境，以及如何通过法律武器保障自己的权益和安全等。

心理专家咨询：为家庭有特殊情况的学生提供心理咨询，帮助他们处理可能的家庭暴力问题或情绪问题。

家庭教育座谈：邀请有经验的社会工作者，分享家庭暴力的案例和社工介入的方法。对家长的认知进行提升教育。让学生和家长了解家庭暴力的表现形式和危害，以及反家庭暴力的有效方法和途径，让他们认识到不能“以暴制暴”。

资料宣传：发放《中华人民共和国反家庭暴力法》的宣传手册和资料等。

活动总结

请同学们在参加完活动之后，写下自己的感受，以及对活动效果的评价。

选择观点正确、内容翔实、有感而发的作品通过公众号、视频号、网站等进行宣传。

评析

反家庭暴力是一项系统工程，需要个体、家庭、学校、社会各方面的广泛参与和共同努力，形成一个全方位的反家庭暴力网络，有效地预防和减少家庭暴力事件的发生，保护每个家庭成员的合法权益，促进社会的和谐与稳定。

扩展习题

1.《中华人民共和国反家庭暴力法》是什么时候开始实施的？（　　）

A. 2013 年 3 月 1 日　　B. 2014 年 3 月 1 日

C. 2015 年 3 月 1 日　　D. 2016 年 3 月 1 日

2. 根据《中华人民共和国反家庭暴力法》，下列哪种行为属于家庭暴力？（　　）

A. 家庭成员间的普通争吵

B. 家庭成员间的身体伤害或者精神虐待

C. 家庭成员间的偶尔冲突

D. 家庭成员间的日常批评

3. 根据《中华人民共和国反家庭暴力法》，下列哪个部门负责接受家庭暴力的投诉？（　　）

A. 教育部　　B. 卫生部　　C. 公安机关　　D. 交通部

4. 根据《中华人民共和国反家庭暴力法》，受到家庭暴力威胁的人有权请求哪种保护？（　　）

A. 搬离家中　　B. 离婚

C. 人身安全保护令　　D. 子女抚养权

5. 根据《中华人民共和国反家庭暴力法》，哪种人群属于家庭暴力的可能受害者？（　　）

A. 配偶　　B. 父母　　C. 子女　　D. 上述全部

6. 根据《中华人民共和国反家庭暴力法》，人身安全保护令包括哪些措施？（　　）

A. 禁止被申请人实施家庭暴力

B. 禁止被申请人骚扰、跟踪、接触申请人及其相关近亲属

C. 责令被申请人迁出申请人住所

D. 以上都是

7. 根据《中华人民共和国反家庭暴力法》，人身安全保护令的有效期是多久？（　　）

A. 3 个月　　B. 6 个月　　C. 9 个月　　D. 1 年

8. 根据《中华人民共和国反家庭暴力法》，人身安全保护令失效前，人民法院可以根据申请人的申请（　　）。

A. 延长　　B. 撤销　　C. 变更　　D. 以上都是

9. 根据《中华人民共和国反家庭暴力法》，人身安全保护令自何时起生效？（　　）

A. 自申请人申请之日起　　B. 自申请人被受理之日起

C. 自人民法院作出裁定之日起　　D. 自人民法院公告之日起

10. 哪些组织应当对实施家庭暴力的加害人进行法治教育？（　　）

A. 工会　　B. 妇女联合会　　C. 残疾人联合会　　D. 以上都是

11. 对实施家庭暴力的加害人进行法治教育和心理辅导的组织包括（　　）。

A. 工会和共产主义青年团　　B. 妇女联合会和居民委员会

C. 残疾人联合会和村民委员会　　D. 以上都是

12. 必要时，工会、共产主义青年团、妇女联合会、残疾人联合会、居民委员会、村民委员会等可以（　　）。

A. 只对加害人进行心理辅导

B. 只对受害人进行心理辅导

C. 对加害人和受害人都进行心理辅导

D. 不进行心理辅导

答案：DBCCD DBDCD DC

9.“防范校园欺凌”主题班会

我们的校园应该是充满欢声笑语的场所，是我们学习知识、塑造人格的乐园。然而，“校园欺凌”这个词，像一把冰冷的刀，无情地刺破了这份宁静与和谐。它无视我们的尊严，侵犯我们的权益，甚至有可能摧毁我们的人生。因此，我们必须对它有足够的认识，学会防范它，也要有勇气反抗它。

在本章中，我们将深入讨论校园欺凌的危害，学习《中华人民共和国预防未成年人犯罪法》的相关内容，探讨如何防范校园欺凌，以及如何帮助受害者。希望通过这次班会，让每一个人都有足够的知识和勇气去对抗校园欺凌，让我们的校园充满爱与和平。

让我们共同行动起来，心怀宽容，共同构建一个和谐、友爱、公正、公平的校园环境，让校园欺凌成为历史，让我们每个人都能自由地成长和发展。

互动交流 1 如何预防校园欺凌

为了让同学们清楚地知道哪些行为属于校园欺凌，遇到校园欺凌后应该怎么处理，学校团委决定举办一场“预防校园欺凌，共建和谐校园”的宣传活动。

活动目的

增强学生、教师和家长对校园欺凌的认识和预防意识；通过活动让学生了解欺凌行为产生的后果，教授学生应对欺凌的策略和技巧，提高其自我保护能力；营造反对欺凌、鼓励互助的校园文化环境；加强家校沟通，共同构建预防欺凌的合作机制。

实施方案

宣传准备：动员学生制作宣传海报、手册和视频，内容涵盖对《中华人民共和国预防未成年人犯罪法》内容的介绍，校园欺凌的定义、形式、危害及预防措施等。

环境布置：在校园内设置反校园欺凌的宣传栏，张贴学生创作的作品和活动照片。

家校沟通：通过家长会或家校平台，向家长宣传预防欺凌的知识。

监督机制：在校园里设置“意见箱”“爱心树洞”等接收学生的求助信息，建立校园欺凌报告和处理机制，确保及时响应。

宣传作品设计要求

主题明确：围绕“预防校园欺凌，共建和谐校园”的主题来设计。

内容积极：传达积极向上的信息，鼓励团结友爱。

创意新颖：鼓励独特的创意和设计思路。

易于理解：设计应直观易懂，适合不同年龄层的学生。

活动总结

反馈收集：通过问卷调查、访谈等方式，收集学生的反馈和建议。

效果评估：评估活动对校园文化的影响，以及学生行为的改善情况。

经验总结：总结活动中的成功经验和待改进之处，为未来类似活动提供参考。

持续教育：将宣传板作为长期教育的工具，定期更新内容，保持教育的持续性。

成果展示：将活动成果通过校园网站、社交媒体等渠道对外展示，扩大影响力。

评析

校园欺凌是影响青少年健康成长的一颗“毒瘤”，不少同学都深受其害，导致其恐惧上学、学习成绩下降、注意力不集中，甚至身心发育受阻。《中华人民共和国预防未成年人犯罪法》颁布的目的就是消除滋生未成年人违法犯罪行为的各种消极因素，为未成年人的身心健康发展创造良好的社会环境。通过法律的引导和规范，培养未成年人良好的道德品质和社会行为习惯，预防和减少不良行为的发生。

活动

（1）问题抢答：什么是校园欺凌？

（2）视频播放：播放一些影视片段或者纪录片让学生们认识什么是校园欺凌，知道它的危害和影响，思考自己以后应如何应对或远离校园欺凌。

互动交流 2 反对校园欺凌

小镇上，有一个叫小冯的男孩，他个性内向，但对任何事情都保持着热情和积极的态度。他的善良和谦逊赢得了周围人的喜爱。他总是乐于助人，乐于与他人分享自己的知识和经验。

然而，小冯的平静生活却被同学小王打破了。小王是他们班上的一个大个子，他经常以强欺弱，喜欢找小冯的麻烦。小王看到小冯善良和温和，认为他是一个好欺负的对象。于是经常嘲讽和侮辱小冯，也经常通过一些行为来羞辱和欺负他。

起初，小冯选择了忍耐，他告诉自己，小王只是开玩笑，没必要跟他一般见识。他试图不理会小王的挑衅和嘲笑，希望这样能够让事情平息下来。然而，随着时间的推移，小冯渐渐发现，他的忍耐并没有换来小王的尊重，反而使小王变得越发嚣张和恶劣。小王开始变本加厉地对小冯进行欺凌。他不仅在课堂上公开羞辱小冯，还在校园各个角落找机会欺负他，让他无处可逃。小冯的学习和生活都受到了严重的影响，他开始害怕小王，甚至开始害怕去学校。

这种持续的欺凌行为使得小冯陷入了困境，他感到无助和孤立。他试图寻求帮助，但害怕被认为是软弱或告密者。他渐渐地失去了对自己的信心，觉得自己无法逃脱这个恶性循环。

小冯的家人觉察到小冯的变化，并意识到他需要帮助。他们与学校的老师合作，制订了一系列的支持计划。他们安排了与心理辅导师的会面，帮助小冯处理他的困扰和焦虑。同时，学校也加强了对校园欺凌的宣传和教育，让学生们了解欺凌的危害性，并鼓励他们勇敢地站出来，支持受害者、反对校园欺凌。在各方力量的帮助下，小冯逐渐重拾自己的信心和勇气。他学会了如何应对欺凌行为，并找到了一些支持他的朋友。他们一起组成了一个小团体，互相支持和鼓励，这让小冯感到自己不再孤单。

经过老师的教导，小王意识到自己的行为是错误和不可取的。他开始反思自己的行为，并向小冯表示了歉意。小冯接受了他的道歉，但仍保持警惕。小王开始改正自己的错误，积极参与校园反欺凌活动，帮助其他学生认识欺凌的严重性，并鼓励他们友善待人。

通过自身的努力和他人的支持，小冯最终成功地走出了阴影，重建了他的心理健康和自信。他明白了自己的价值和能力，并学会了保护自己。这次经历使他变得更加坚强和成熟，他决心将自己的经历分享给他人，帮助那些同样遭受欺凌的人。

活动

（1）小组交流讨论：将学生们分成几个小组，让他们就如何防范和应对校园欺凌进行讨论。

如：三年级同学放学的时候被不认识的高年级学生堵在墙角，让他请客吃饭，如果你是这位三年级同学，你会怎么做呢？让学生说出自己的观点及原因。

（2）引导学生思考问题：如果遇到别人受欺负了，应该怎么办？是旁观？是制止？还是告诉大人？

评析

面对校园欺凌，必须勇敢地站出来，及时向家长和学校反映，保护自己的权益。同时，也应意识到，防止校园欺凌，需要每个人的共同努力，只有大家都彼此尊重，才能创造和谐的学习环境。

互动交流3 学会寻求帮助

小丽是一个性格开朗、成绩优秀的女孩。她在学校里广受欢迎，总是带着灿烂的笑容，积极地与同学们相处。然而，当一个新转来的女生小雪出现在班级时，情况开始发生变化。小雪似乎对小丽有些意见，她总是以各种形式欺负小丽。她会嘲笑小丽的外貌，取笑她的成绩，甚至传播一些恶意的谣言。这些行为让小丽感到非常困扰和伤心，她不明白为什么小雪对她如此充满恶意。起初，小丽试图忍耐这些欺凌行为，她努力保持乐观的心态，寻求其他同学的支持。然而，随着时间的推移，小雪的欺凌行为并未改变，反而变得越发严重。

小丽感到无助和沮丧。她开始怀疑自己的价值和能力，因为长时间受到欺凌，她的自信心逐渐受到打击。她开始退缩，不再像以前那样开朗和活跃，甚至开始回避与同学们的互动。

一天，小丽下定决心，她不要再忍受这种痛苦了。欺凌让她的心灵受到了伤害，她意识到，她需要寻求帮助来解决这个问题。首先，小丽找到了她的父母，把她在学校遭受的一切都告诉了他们。小丽的父母非常震惊,他们没想到自己的孩子会受到这样的欺凌。他们立刻停下手中的事情，全身心地倾听小丽的心声。小丽的父母深深地感受到了她的痛苦和困惑。他们不仅安慰小丽，还向她保证会全力支持她，帮助她解决这个问题。他们向小丽表达了无条件的爱和支持，让她感到宽慰和安心。

随后，小丽的父母立即采取行动。他们与学校的老师和辅导员进行了会面，详细说明了小丽在学校所受到的欺凌情况。他们强调了欺凌对小丽的负面影响，并要求学校采取紧急措施来解决这个问题。学校对小丽的情况非常重视，他们成立了一个专门的小组，负责调查和处理这起欺凌事件。他们与小丽和她的父母进行了沟通，了解了更多的细节，并采取了必要的措施来制止欺凌行为。

同时，学校也开展了一系列的反欺凌教育活动，旨在提高全体学生对欺凌问题的认识和重视。他们强调了尊重、友善和互助的重要性，并鼓励学生们积极参与，共同营造安全和谐的学习环境。

通过父母和学校的共同努力，小丽逐渐恢复了自信和快乐。她学会了坚守自己的立场，不再容忍任何形式的欺凌。她也学会了如何与同学们建立健康的人际关系，并成为反欺凌的倡导者。这段经历让小丽明白了坚守自己的底线和寻求帮助的重要性。她变得更加坚强和勇敢，不再被欺凌所困扰。她的故事也成为激励和启发他人的力量，让更多的人意识到欺凌的严重性，并积极参与反欺凌活动。

活动

（1）情境设置：如果遇到校园欺凌，应向谁求助？

情境一：下课回到教室后，你发现自己的书包被扔在地上，书包里的东西散落一地，你该如何做?

情境二：班级活动的时候，有几个同学故意推搡你，使你差点跌倒受伤，你该如何做?

情境三：有位个子高大的同学，总是强行向你索要物品，如果不给他就会对你施加暴力，你该如何做?

（2）分享讨论：请同学们就解决和防范校园欺凌的问题，分享自己的观点和看法。

评析

当我们遇到校园欺凌的时候，不要害怕，也不要忍气吞声。我们有多种求助渠道，包括父母、老师、学校，甚至是社会公益组织和执法机关。只要我们勇敢地站出来，就一定能够找到解决问题的方法。同时，我们也不要成为校园欺凌中的欺凌者。

互动交流 4 《中华人民共和国预防未成年人犯罪法》的约束和保护

小周曾是一个乐观开朗的孩子，由于父母工作繁忙、对他缺乏关注，他逐渐变得孤独和无助。他渴望有人能够倾听他内心的声音，关心他的困境。因此，他的行为开始变得极端，试图通过与不良青少年交往来获得关注和认同。这些不良青少年给小周带来了一种虚假的归属感，他们一起打架、斗殴，甚至抢同学的钱。尽管这些行为给小周带来一时的快感，但他内心深处知道这是不对的。

一天，警察找到了小周，因为他和那些朋友一起抢劫了班里同学的钱。小周的父母惊愕不已，他们不知道小周走上了这样的道路。

面对警察和父母的质问，小周感到内疚和后悔。他明白自己的行为是错误的，但他无法向父母解释自己为什么会走上这条路。父母感到十分失望和心痛，他们曾经期待自己的孩子能够健康成长，拥有正直的品格和良好的道德观念。

警察向他们讲述了《中华人民共和国预防未成年人犯罪法》的相关内容，警察说，这部法律不仅仅是为了惩罚小周，更重要的是为了帮助他，引导他走出错误的道路，回归正常的生活。父母决定采取严厉的措施，他们与警方合作，确保小周承担相应的法律责任。同时，他们也意识到家庭教育的重要性，他们重新审视自己的教育方式，寻找自己在小周成长过程中的疏漏和不足。

在经历了一段时间的教育引导和家庭管教后，小周真诚地向父母道歉。他表示愿意接受改造和教育，重新做一个好孩子。父母决定给予小周第二次机会，但他们也意识到不能只依赖警方和学校的惩罚来纠正小周的行为。他们开始与小周进行深入的沟通，帮助他理解自己的错误，并帮他树立正确的价值观和行为准则。

此外，父母还积极参与小周的学校生活，与老师和同学建立联系，了解他的学习和社交情况。他们鼓励小周参加学校组织的各项活动，培养他的兴趣爱好，并提供良好的榜样和引导。

随着时间的推移，小周逐渐改变了自己的行为和思维方式。他参加了学校的义工活动，主动向同学道歉并努力弥补自己的过错。他也开始重视学业，努力提高自己的成绩。

活 动

（1）讲故事：分享新闻中的故事或者纪录片，让学生们了解一些关于校园欺凌的案例。

（2）模拟法庭：让学生们模拟法庭审理的环节，进行角色扮演，包括法官、公诉人、被告、律师、原告等角色。引导学生在揣摩角色心理的同时，理解和掌握《中华人民共和国预防未成年人犯罪法》的作用。

（3）反思：让学生们反思，作为学生应该如何做一个合格的社会主义建设者和接班人。

评 析

《中华人民共和国预防未成年人犯罪法》的制定是为了保护未成年人的身心健康，保障他们的合法权益，同时也是为了促进他们在品德、智力、体育等方面的全面发展，培养他们成为有理想、有道德、有文化、有纪律的社会主义建设者和接班人。

扩展习题

1. 根据《中华人民共和国预防未成年人犯罪法》，下列哪种行为是未成年人犯罪？（　　）

A. 学习成绩不好　　B. 不听从父母管教

C. 故意伤害他人　　D. 在课堂上说话

2. 根据《中华人民共和国预防未成年人犯罪法》，以下哪些机构有责任预防未成年人犯罪？（　　）

A. 家庭　　B. 学校　　C. 社区　　D. 以上都是

3.《中华人民共和国预防未成年人犯罪法》主要是为了（　　）。

A. 惩罚犯罪行为　　B. 预防犯罪行为

C. 保护未成年人权益　　D. 以上都是

4. 根据《中华人民共和国预防未成年人犯罪法》，（　　）有义务对未成年人进行法治教育。

A. 教师　　B. 家长　　C. 社区工作者　　D. 以上都是

5. 根据《中华人民共和国预防未成年人犯罪法》，下列哪种行为是法律所禁止的？（　　）

A. 在公共场所大声喧哗　　B. 在学校欺凌他人

C. 不按时做家庭作业　　D. 在课堂上睡觉

6. 校园欺凌通常包含以下哪种行为？（　　）

A. 体育活动中的竞争　　B. 善意的批评

C. 恶意的谩骂和威胁　　D. 轻松的玩笑和打闹

7. 对于校园欺凌，以下哪种做法是正确的？（　　）

A. 观望不管，避免自己也成为欺凌的目标

B. 以暴制暴，以同样的方式对待欺凌者

C. 及时向老师或家长报告，寻求帮助

D. 为了适应环境，学会接受欺凌行为

8. 校园欺凌的危害可能包括（　　）。

A. 影响学习成绩　　B. 对心理健康产生负面影响

C. 破坏人际关系　　D. 以上都是

9. 下列哪种行为可被视为防范校园欺凌的方式？（　　）

A. 学会尊重他人，不欺凌他人　　B. 学会忍耐，默默承受欺凌行为

C. 学会报复，以牙还牙　　D. 学会逃避，避免与欺凌者接触

10. 校园欺凌的受害者通常会有哪些表现？（　　）

A. 学习成绩下滑　　B. 情绪低落，失去活力

C. 容易发脾气，行为反常　　D. 以上都是

答案：CDDDB CCDAD

10．“教师节”主题班会

本章我们要进行一次特殊的班会，主题是了解《中华人民共和国教师法》。《中华人民共和国教师法》是一部重要的法律文件，它旨在规范教师的职业行为和教育教学活动。通过了解和宣传《中华人民共和国教师法》，我们可以更好地了解教师的权利和义务，促进良好师生关系的建立。

作为学生，我们有责任了解自己的权利，同时也要尊重和理解教师的职责和权威。这次班会的目的是让大家更深入地了解《中华人民共和国教师法》，以便更好地与教师进行沟通和交流。

在班会中，我们将分享一些《中华人民共和国教师法》中的重要条款和规定，特别是与学生相关的内容。我们将了解教师的基本权利和义务，以及学生在与教师交流时需要遵守的原则。同时，我们还将提供一个开放的平台，让同学们能够提出自己对《中华人民共和国教师法》的疑惑和问题，与教师们进行深入的讨论。

通过这次班会，我们希望能够增强大家对教师职业行为的理解和尊重，同时加深对学生权益的认识。只有相互尊重、理解和合作，我们才能够建立良好的师生关系，共同营造积极向上的学习环境。

让我们一起参与这次班会，积极提问和参与讨论，分享自己的想法和观点。让我们以开放的心态，共同探索《中华人民共和国教师法》中的法律问题，为构建和谐的学校氛围贡献我们的力量。

互动交流 1　我国教师节的由来

我们国家的教师节定在每年的 9 月 10 日，这个日期被选择的原因是，它正好在新学年开始时，新生刚刚入学，这为开展尊师活动提供了良好的契机。

但是 1984 年之前我国的教师节是在哪一天呢？ 1931 年，教育家邰爽秋、程其保等联络京、沪教育界人士，在南京中央大学集会，发表宣言要求改善教师待遇、保障教师工作，并将 6 月 6 日定为教师节。到了 1939 年，国民党政府决定将孔子诞辰日农历八月二十七日定为教师节，并颁发了《教师节纪念暂行办法》，但未在全国范围内推行。

1949 年中华人民共和国成立后，中央人民政府曾恢复 6 月 6 日为教师节，并允许各地根据实际情况自行组织庆祝活动。1951 年，教育部和中华全国总工会商定将 5 月

1 日国际劳动节作为中国教师节，但由于这一天缺乏教师相关特点，执行效果并不理想。1981 年，中国人民政治协商会议第五届全国委员会第四次会议上，中国民主促进会的 17 位政协委员联名提交提案，建议确定全国教师节日期及活动内容。到了 1982 年，教育部及全国教育工会商定把 5 月 5 日马克思诞辰日作为教师节。1983 年，中国民主促进会的方明等 18 位政协委员再次提议恢复教师节，并得到中宣部办公厅的同意。1984 年，教育部党组和全国教育工会分党组建议每年的 9 月 10 日为教师节。

1985 年 1 月，在第六届全国人大常委会第九次会议上，国务院总理提出建立教师节的议案。会议于 21 日通过决议，确定每年的 9 月 10 日为教师节。时任教育部长何东昌在会上代表国务院解释了建立教师节的目的和意义。他表示，教师节的确定是为了表彰教师的功绩，激励教师的光荣责任感，帮助教师解决实际困难，以鼓励教师终身从事教育事业。根据这一决议，每年的 9 月 10 日成为全国大、中、小学的教师节。

活动

（1）问题抢答：教师节是哪一天？父母或者身边的人是否有当教师的？

（2）分享环节：请学生讲述我国教师节的演变历史，包括从民国时期到现在的演变过程。引导学生认识到尊师重教是中华民族的一种传统美德。

评析

通过提问和讲述的方式让学生知道我国教师节的演变历史，同时让他们了解教师节设定的目的。

互动交流 2 教师的权利

朱老师是一所中学的数学教师。朱老师对教育事业充满热爱，他相信每个学生都有无限的潜力和发展空间。他不仅是一位传授知识的老师，更是学生们的朋友和引路人。他总是耐心地倾听学生们的问题和困扰，帮助他们克服困难，取得进步。

然而，朱老师在教学过程中遇到了一些困扰。他所在的学校资源有限、教学设施简陋、教材内容陈旧，无法满足学生的学习需求。学生们渴望学习新知识，但却受限于教学条件。这让他深感责任重大，他明白自己的使命是尽可能地给学生们提供最好的教育。

为了改善这种状况，朱老师决定行动起来。他积极与学校领导和同事合作，争取更多的教学资源和资金支持。他参与教材的编写和修订，提出了一些创新的教学方法和活动，以激发学生的学习兴趣和动力。他还积极参加专业培训，不断提升自己的教学能力和知识水平，以更好地指导学生。朱老师不仅注重课堂教学，还鼓励学生参加各种学科竞赛和活动。他创办了数学俱乐部，定期举办数学竞赛，并邀请专业人士来校开展讲座。他还鼓励学生互相合作、共同解决问题，培养他们的团队合作精神和创造力。

经过朱老师的努力，学生们的学习成绩和兴趣都有了显著提升。他们开始积极参与课堂讨论，勇于表达自己的观点，思维能力和问题分析能力也得到了提高。学生们对数学的恐惧逐渐消失，取而代之的是对数学的兴趣和探索欲望。

朱老师的付出得到了认可和赞赏。不仅学生们对他充满感激和敬意，家长们也对他的教育方法和关心学生的态度表示赞赏。他成为学校和社区中的一面旗帜，激励着更多的教师和学生。

经过朱老师的努力和奉献，学校的教育环境得到了改善，学生们的学习成绩也取得了巨大的进步。他的故事告诉我们，一位优秀的教师可以在有限的条件下创造奇迹，为学生的成长和发展贡献自己的力量。

活动

（1）分享故事：让学生们发言讲述自己知道的优秀老师的故事。重点讲述故事中让自己感动的地方。

（2）小组讨论：教师享有哪些权利？

评析

经过参与这样的讨论和互动，学生不仅关注自己的学习需求，还开始关注教师的权利。他们意识到教师的权利和责任是相辅相成的，只有教师的权利得到充分的保障，他们才能更好地履行教育使命，提供优质的教育服务。

互动交流 3 感恩我们的“园丁”

活动目的

以教师节为契机，表达对教师的尊敬和感激之情；增强师生之间的交流与联系；提升教师的职业荣誉感和社会地位；培养学生的感恩意识和社会责任感。

活动任务

（1）请每位同学给老师写一封信，题目为“老师，我想对你说”，字数不限，不用署名。写好后装在信封里或者折叠成好看的折纸作品，放在一个漂亮的盒子中。

（2）全班练习一个集体节目，如：合唱一首歌、做一段手语操、朗诵一首诗等。

（3）制作一段关于老师的小视频，展现老师与同学们在一起学习和活动时的温馨画面，留下珍贵的时光印记。

活动实施

（1）教师节当天的班会上，先播放一段关于老师的小视频，渲染节日气氛。

（2）请老师在装信的盒子里任意抽取出一封信，大声读出信里面的内容，并猜测这封信是谁写的。如果猜对了，师生双方都有小奖励。依此类推。

（3）全班同学表演集体节目。

（4）将师生的活动照片和心得体会等成果，用学校的公众号、班级的宣传栏、视频号等进行宣传分享。

评 析

这样的活动设计，不仅能够在校园内外营造尊师重教的良好氛围，增强师生之间的情感联系，同时也能够激发学生的学习热情和感恩之心。

互动交流 4 《中华人民共和国教师法》的意义

有一位叫小吴的学生，他非常喜欢上学，因为他的老师是一个非常有趣和富有激情的人。这位老师总是通过创意十足的教学方式，让学习充满乐趣和惊喜。

每天，小吴都迫不及待地来到学校，期待老师能够带给他新的知识和启发。老师总是用生动有趣的故事、趣味横生的游戏和引人入胜的实验来激发学生们的学习兴趣。他用幽默的语言和鼓励的眼神，让每个学生都感受到自己的重要性和价值。

然而，有一天，小吴和他的同学们发现，老师突然变得沮丧和消沉。他们心怀疑惑，不知道发生了什么事情。于是，他们齐心协力，决定找出原因，帮助老师走出困境。经过多方打探，小吴和同学们终于弄清楚了原因：小吴就读的是一所民办学校，因为校方出现资金困难，已经好几个月没给老师们发工资了。最近李老师的母亲得了重病住院，需要很多钱，但是李老师却拿不出钱来给母亲治病，所以内心非常焦虑。

小吴和他的同学们感到非常心疼，他们决定一起行动，为自己的老师争取权益。通过研读《中华人民共和国教师法》，小吴和他的同学们发现，这项法律不仅保障了教师的合法权益，还强调了教师队伍的建设和发展。他们决定利用法律的支持，策划一场特别的活动来表达对老师的支持和感激之情，并呼吁更多的人关注教师的权益。

在活动中，小吴和他的同学们精心准备了感谢信，并邀请了学校领导、家长和社区居民参加。他们通过表演精彩的节目，向参与活动的人们展示了他们对老师的感激之情，并向大家介绍了《中华人民共和国教师法》的作用和意义。他们希望通过这场活动，引起更多人的关注，从而推动教育环境的改善，让教师得到公正的待遇。

这场活动引起了广泛的关注和赞赏。学校和社区的领导开始采取行动，改善教师的待遇和工作环境。同时，更多的年轻人受到了《中华人民共和国教师法》的启发，纷纷投身到教育事业中，努力成为具有良好思想品德修养和业务素质的教师。

这个故事告诉我们，《中华人民共和国教师法》的作用是多方面的。它不仅保障了教师的合法权益，还倡导建设优秀的教师队伍，促进社会主义教育事业的发展。《中华人民共和国教师法》的实施，能够为教师提供法律的支持和保障，激发他们的热情和创造力，同时也为学生提供了优质的教育资源和环境。

活动

（1）分享引发思考：分享一个故事，让学生了解《中华人民共和国教师法》，然后让他们思考《中华人民共和国教师法》的作用有哪些。该法律保护了谁的权利？规定了谁的义务？

（2）小小辩论：假设自己现在是一名人民教师，如果遇到了不公平的对待应该如何应对？

评析

《中华人民共和国教师法》的重要性不仅体现在保障教师的权益，更在于推动整个教育事业向前发展，培养出更多优秀的人才，为社会的进步做出贡献。

扩展习题

1.《中华人民共和国教师法》旨在规范教师的职业行为和教育教学活动。以下哪项不是《中华人民共和国教师法》所规定的教师的基本权利和义务？（　　）

A. 获得公平的职业评价和晋升机会　　B. 保护学生的隐私和个人信息

C. 提供必要的教育和教学设备　　D. 积极参与学校的民主管理

2. 根据《中华人民共和国教师法》，教师必须具备以下哪项基本素质？（　　）

A. 良好的教学技能和专业知识　　B. 行政管理能力和决策能力

C. 优秀的社交能力和沟通能力　　D. 驾驶技术和运动能力

3. 根据《中华人民共和国教师法》，教师在教育教学过程中应该注重以下哪个方面？（　　）

A. 强调学生的竞争性和成绩评价　　B. 注重批判性思维和创新能力的培养

C. 忽视学生的个性差异和特长发展　　D. 严格遵守教材的指导和教学计划

4.《中华人民共和国教师法》规定了教师的职业道德和职业操守。以下哪项不属于教师应遵守的职业道德准则？（　　）

A. 尊重学生的人格和尊严

B. 保持与学生的适当距离和互动

C. 抵制任何形式的腐败和贪污行为

D. 不断提高自身的学术水平和教育教学能力

5. 教师节设立的目的是什么？（　　）

A. 表达对教师的感激和敬意　　B. 庆祝学生的成绩和进步

C. 收到礼物和祝福　　D. 举办聚会和庆祝活动

6. 教师节人们通常会给教师送什么礼物？（　　）

A. 温暖的拥抱和贺卡　　B. 书籍和文具

C. 红包和礼金　　D. 电子产品和家居用品

7.《中华人民共和国教师法》对教师的权益保障不包括（　　）。

A. 薪酬待遇　　B. 假期安排　　C. 职称评定　　D. 执教科目选择

答案：CABBA AD

11. “成人仪式”主题班会

本章的班会主题是“成人仪式”，我们将围绕《中华人民共和国民法典》总则编进行学习。进入成年意味着我们将要承担更多的责任和义务，也意味着我们将要迎接更多的权利和自由。通过这次班会，我们将一同探讨成年的含义、成年人应承担的法律责任，以及如何在法律框架下行使我们的权利。

《中华人民共和国民法典》总则编对保护民事主体的合法权益做出了基本规定，其中包含许多关于个人权利、法律责任和民事行为等方面的规定。它对于我们理解和适应成年生活至关重要。我们将通过宣传和解读《中华人民共和国民法典》总则编，帮助大家更好地了解法律的底线和规范，以便在成年后以合法、负责任的方式行事。

我们希望能够共同探讨以下问题：成年的标准是什么？成年人的权利和义务有哪些？如何合理行使权利，同时遵守法律的规定？通过这次班会，我们将共同学习、分享和讨论，以便我们更好地为自己的未来做出明智的决策。

最后，希望大家能够积极参与班会的讨论和交流，提出自己的观点和问题。让我们共同学习、成长，为成年生活奠定坚实的法律基础。

互动交流 1　“成人仪式”活动方案

活动目的

举办“成人仪式”旨在抓住中学生从未成年向成年转变的关键时期，对广大中学生进行理想信念教育、思想道德教育、国家观念教育、优秀传统文化教育，引导和帮助广大中学生树立正确的世界观、人生观、价值观，增强公民意识、宪法和法律意识、责任意识、感恩意识，从内心深处激发社会责任感和历史使命感。

活动准备

（1）邀请家长给自己的孩子写一封信，主题为“当你 18 岁时……”，之后用信封装好。

（2）邀请学生给自己的父母写一封信，主题为“我是成年人了”，之后用信封装好。

实施步骤

（1）开幕式：主持人宣布活动开始，并介绍参与活动的领导、老师和家长。

（2）升国旗、奏国歌：成人仪式的重要环节，表达对国家的尊重和爱国情感。

（3）成人宣誓：学生面对国旗进行成人宣誓。

（4）亲子互动：家长与孩子互换写给对方的信件。通过读信的过程，体会家长的良苦用心和孩子的成长力量。之后请家长代表和学生代表发言，表达自己的心声。

（5）教师寄语：教师代表发言，为学生送上祝福，表达衷心的期待，给学生提供有价值的指导和鼓励。

（6）领导讲话：学校领导或嘉宾发表讲话，对学生成年表示祝贺并提出希望。

（7）穿越“成人门”：学生依次穿越象征成年的“成人门”，大声喊出对自己的承诺。

（8）放飞梦想气球：气球象征着学生的梦想和希望，放飞气球寓意着梦想的起飞。

活动总结

收集学生、家长的反馈建议，进一步完善活动内容和形式。将活动的照片、影像资料以及家长和孩子之间有代表性的信件等进行整理，通过公众号等新媒体平台进行广泛宣传。

评析

通过庄严又温馨的“成人仪式”，让学生意识到成年的责任和意义，感受父母、老师对自己的期待，激发努力奋进的动力，庆祝自己的人生进入了一个崭新的篇章。

互动交流 2 成长“时光路”

小威就要过 18 岁生日了。父母很早就想送小威一件非常有纪念意义的生日礼物。但是想来想去还是没有头绪。送衣服鞋子吧？小威不太需要。送电子产品吧？又担心小威会沉迷于此，耽误了学习。有一天小威妈妈的同事给出了一个好主意，把小威从出生到现在的照片、录像等资料收集起来，做成一个记录孩子成长“时光路”的小视频。既有新意又能够长期留念，可谓一举两得。小威的父母听到这个主意后，眼睛一亮，立刻觉得这是一个绝妙的主意。他们开始着手准备这个特别的礼物。小威的妈妈是个细心的人，她开始翻箱倒柜，找出那些尘封已久的相册和录像带。小威的爸爸则负责将这些珍贵的记忆数字化，他下载了几个视频编辑软件，开始学习剪辑视频。几周的时间悄然流逝，小威的父母在工作之余，都在忙着制作这个项目。他们看着小威从襁褓中的婴儿，到蹒跚学步的幼儿，再到背着书包的小学生，每一个阶段的变化都让他们感慨万千。小威的妈妈在整理照片时，眼角不禁湿润了，她轻声对丈夫说：“你看，小威小时候多可爱，时间过得真快啊。”小威的爸爸停下手中的工作，握住妻子的手，微笑着说：“是啊，我们的小威长大了，这个视频不仅是他的成长记录，也是我们共同的回忆。”

终于，在小威 18 岁生日的前一天，视频完成了。小威的父母将它刻录成光盘，并精心包装起来。他们期待着小威看到这个视频时的反应。生日当天，家里布置得温馨而喜庆。小威吹灭生日蜡烛，许下了愿望。在他切开蛋糕后，父母神秘地拿出了那个包装精美的礼物盒。小威好奇地打开它，发现了那张光盘。“这是什么？”小威疑惑地问。“这是我们为你准备的特别礼物，你看看就知道了”，妈妈笑着说。

小威将光盘放入电脑，屏幕上逐渐出现了他从出生到现在的点点滴滴。他看到了自己第一次学会走路时的蹒跚，第一次上学时的紧张，还有那些家庭旅行的欢乐时光。每一个画面都伴随着父母温暖的旁白，讲述着当时的情景和他们的感受。

小威的眼中渐渐泛起了泪光，他转过头，看到父母正微笑看着他。“爸爸妈妈，这太珍贵了，谢谢你们！”他哽咽着说。

小威的妈妈轻轻抱住他，说：“小威，我们为你感到骄傲。这个视频不仅是你成长的记录，也是我们家庭爱的见证。”

那个晚上，小威和父母一起回顾了成长过程，他们笑谈着过去的趣事，也感慨着时间的流逝。这个 18 岁的生日，因为这份特别的礼物，变得意义非凡。对于小威来说，这不仅是一个生日礼物，更是一份无价的家庭宝藏，将永远珍藏在他的心中。

活 动

（1）请同学们回忆：是否收到过父母或亲友赠送的难忘的礼物？如果有，是什么？它有什么特殊的意义和价值？

（2）请同学们思考：如果想给父母或亲友亲手制作一份礼物，你有什么好的想法和建议？是否愿意去尝试一下？

评 析

“成人仪式”对学生而言是非常重要的成长节点。它不仅标志着从青少年过渡到成年的身份转变，更是一个责任与自由并存的新起点，意味着他们要学会独立思考、承担社会责任，并为自己的未来做出更明智的选择和规划。参加成人仪式后，学生会感受到更强烈的社会认同感，意识到自己是社会和文化传统的一部分。因此学校要重视“成人仪式”，鼓励学生追求更大的独立性，包括在生活决策和个人表达上的自主性；要增强他们的法律意识和对法律后果的认识。

互动交流 3　承担使命与责任

在一个古老的家族中，有一位名叫小雨的少年。小雨自幼就生长在一个传统文化氛围浓厚的环境中，父母和长辈们都十分注重家族价值观的传承。他们相信举行成年礼是培养少年成为有担当、有责任感的成年人的重要方式。

小雨即将迎来他的成年礼，这一天对他来说意义非凡。这不仅是庆祝他正式成为一个成年人的重要时刻，更是他接受家族和社会期望的象征。

在成年礼的前一天，小雨的父母带着他来到家族的祠堂。小雨在香案前燃起了香烛，虔诚地向祖先们表达感激之情。父母告诉他，祖先是家族的根基，是他们的智慧和努力使得这个家族得以繁荣和传承。

当天夜晚，整个家族被装饰得庄重而温馨。庭院里搭建的仪式场所上方悬挂着大红灯笼，上面写着“成年礼毕，担当传承”八个大字，寓意着小雨要承担起家族的责任。家族中的长辈们身着传统华服，齐聚在仪式场所，等待着成年礼的开始。仪式正式开始，家族长者们走上主持台，向小雨讲述了成年的重要意义，嘱咐他要成为一个有担当的年轻人，为家族和社会做出贡献。长辈们分享了自己的经验和故事，鼓励小雨要有坚定的信念和勇气去面对生活的挑战。接着，小雨的父母走上台，将一套华丽的传统礼服交给他，并亲手为他换上。这套礼服是成年的象征，代表着他已经从一个孩子成长为一个成年人。

晚宴开始后，大家围坐在一起，品尝着丰盛的菜肴。餐桌上充满了温馨和欢笑，大家分享着彼此的故事和经验，传递着家族和社区的价值观。长辈们不仅分享了他们在工作和生活中的成功经验，还提供了宝贵的人生教诲和指导。他们强调了人格品质的重要性，如诚实、正直、勇敢和谦虚等，这些品质将为小雨未来的人生奠定坚实的基础。

在晚宴的尾声，家族的长辈们共同向小雨敬上一杯美酒，作为对他成年的祝贺。他们相信，小雨将会继承家族的传统，并将其融入自己的人生中。这一刻，小雨感受到了家族的温暖和支持，他不会辜负家人们的期望，勇往直前地追逐自己的梦想。

后来，小雨成为了家族中的中坚力量。他不仅在事业上取得了辉煌的成就，还积极参与社区的公益活动，帮助那些需要帮助的人。他将家族传统与现代的价值观相结合，成为一个充满智慧和慈爱的领袖。他不断鼓励和激励年轻一代，传承家族的火炬，让家族的价值观在时代的长河中永不消逝。

活 动

说一说：让举行过成年礼的同学说一下，举行仪式的那一刻在想什么。同时让学生说一说，举行完成年礼后，自己是否有变化；如果有，发生了什么样的变化。

评 析

举行成年礼的目的不仅是庆祝一个人迈入成年，更重要的是教育和引导他成为一个有担当、有责任感的成年人。成年礼强调家族传统和价值观，它承载着家族的期望和祝福，为年轻人的人生道路奠定了坚实的基础。希望同学们能够深刻理解成年礼的意义。

互动交流4 各民族的“成人仪式”风俗

在一个美丽的纳西族村庄中，有一位名叫婉儿的少女即将迎来她的成年礼。她满怀期待地等待着这一重要时刻的到来。

大年初一的早晨，整个村庄都沐浴在温暖的阳光下。村民们忙碌地准备着成年礼的仪式。屋中火塘旁，女柱和男柱矗立着，分别象征着女孩和男孩的成年礼。婉儿的衣服挂在女柱上，她期待着穿上那件美丽的百褶裙。

仪式开始前，祭司在一旁念经，为婉儿祝福。婉儿先给狗喂食，作为对神话中人与狗交换寿命的感恩之举。接下来，她站在女柱下，双脚分别踏在猪膘和粮袋上，二者分别象征着富饶和幸福。婉儿右手拿着帽子、项链和耳环，她感受到自己即将蜕变为美丽花朵的喜悦。婉儿的母亲和其他女性亲属们走向女柱，开始为她穿上百褶裙。一层一层的裙摆展开，婉儿仿佛化身成了芳香四溢的花朵。而在男柱下，婉儿的双胞胎弟弟由舅父帮助穿上了成人的长裤，成为一个真正的男子汉。

穿着完备后，亲友们走向婉儿，向她送上祝福和礼物。婉儿感激地向祖先牌位、锅庄神、灶神和父母长辈叩头，表达对他们的敬意和感恩之情。接着，祭司开始念诵族谱，婉儿和亲友们跟着唱起祝福歌。整个村庄充满了喜庆和祥和的氛围。

成年礼仪式结束后，村民们欢聚一堂，通宵达旦举行舞会。婉儿穿着华丽的百褶裙，在舞池中轻盈地舞动着。她的眼神中透露着自信和喜悦，她已经蜕变为一朵美丽的花，展现出自己的成熟和魅力。

纳西族的成年礼不仅仅是一个仪式，更是一种文化的传承和延续。它代表了纳西族人对家族、社区和民族的忠诚和尊重。通过成年礼，年轻人能够更好地理解自己的身份和使命，为自己的民族和社区贡献自己的力量。

除了纳西族，普米族、彝族等民族也会在成年礼上举行“换裙”和“换裤”仪式。这些仪式是他们传统文化中的重要组成部分，象征着少年儿童蜕变为成年人的过程。瑶族的成年礼中还有一个特殊的仪式叫作“度戒”。当瑶族男孩长到十五六岁时，他们会进行这一仪式来庆祝他们的成年。在“度戒”仪式中，受礼者会团身抱膝，从高高的台子上翻到铺有稻草的藤网上，乡亲们则会拉起藤网一齐用力旋转，赞扬他们的勇敢和无畏，祝贺他们成长为一个瑶族的男子汉。柯尔克孜族女孩在 13 岁时，父母会为她们举行洗发扎耳仪式。

无论我们来自哪个民族，都应该珍视和传承自己的文化。成年礼不仅仅是一个仪式，更是一种连接过去和未来的纽带，是我们对自己文化根源的认同和尊重。让我们一起努力，将这些美丽的传统和价值观传承下去，让社会变得更加和谐与美好。

评析

成年礼不仅是一个简单的仪式，更是一种文化的传承和延续。它承载着民族的历史和传统，是一种对祖先和先辈的致敬和纪念。通过成年礼，年轻人能够更好地理解自己的文化身份，增强对自己民族文化的认同感，并将其传承给后代。成年礼也是一个人成长的里程碑，它标志着一个人从依赖他人到独立自主的过渡。通过成年礼，年轻人能够更好地认识到自己的责任和使命，学会独立思考和处理问题，为未来的生活和事业做好准备。

扩展习题

1. 以下哪项是中国传统的成年礼形式？（　　）

A. 冠礼　　B. 诞生礼　　C. 婚礼　　D. 乔迁礼

2. 根据《中华人民共和国民法典》总则编，下列哪项不属于民事权利的表现形式？（　　）

A. 订立合同　　B. 执行遗嘱　　C. 提起诉讼　　D. 获得国籍

3. 根据《中华人民共和国民法典》总则编，未成年人在民事活动中可以由（　　）代理。

A. 父母　　B. 监护人　　C. 法定代理人　　D. 以上全部

答案：ADD

12. “青少年与网络”主题班会

本章的班会主题是“青少年与网络”，我们将一起探讨和宣传《未成年人网络保护条例》在网络时代的重要性。

在当今社会，互联网已经成为我们生活中不可或缺的一部分。它给我们带来了便利和乐趣，但同时也带来了一些潜在的风险和挑战。作为青少年，我们更需要认识网络的影响力和风险，并学习如何在网络世界中保护自己。

《未成年人网络保护条例》是中国第一部专门的未成年人网络保护综合立法，标志着中国未成年人网络保护法治建设进入新的阶段。该条例旨在营造有利于未成年人身心健康的网络环境，保障未成年人合法权益，为未成年人网络保护提供有力的法治保障。

在本章的班会中，我们将了解到在网络时代，应该如何正确使用互联网资源，如何避免沉迷上网，如何保护个人隐私，如何防范网络欺凌，等等。通过这些知识的学习，我们将更加明智地使用网络，保护自己的权益。

同时，我们也将开展一系列的互动活动，让大家能够在互相交流中分享自己的网络经验和故事；共同探讨如何应对网络中的挑战和困扰，分享有趣的网络知识和资源，一起建立积极、健康、和谐的网络环境。让我们共同学习、共同成长，用正确的网络行为影响周围的人，共同营造一个安全、健康、有爱的网络空间。

互动交流 1 网络安全与网络素养

从古至今，人类一直在探索各种信息传递的方式。20 世纪互联网的出现，让人类真正迈进了一个全新的信息时代。

互联网，简称网络，是由相互连接的计算机、设备、服务器和其他网络元素组成的复杂网络系统。它不仅仅是一个虚拟平台，更是一个真实且广阔的世界。互联网通过各种协议和技术，将全球范围内的计算机和设备连接在一起，形成了一个巨大的信息交流网络。

小贾从小就对电脑和互联网充满了兴趣，渴望探索这个神奇的世界。在他的家乡，互联网的普及程度并不高，但他不断学习和探索，希望能够了解更多关于网络的知识。有一天，小贾听说城市图书馆将举办一场关于互联网的讲座。他兴奋地前去参加，并在讲座中学到了许多关于互联网的基础知识。

通过互联网，人们可以在世界各地传递和分享信息、获取知识、进行商业交易、沟通交流等。互联网为人们提供了一个无边界的虚拟平台，使得信息的传递和交流变得更加快捷、便利和广泛。小贾对互联网的了解越深入，就越发意识到互联网的重要性。他意识到互联网不仅仅是一个娱乐和社交的平台，更是一个可以为人们提供无限机会、连接全球的工具。作为一个充满激情的青少年，小贾决定更深入地探索互联网世界。他开始学习编程和网络安全知识，希望能够为网络世界贡献自己的力量。小贾后来考上了大学，系统学习计算机科学与技术，本科毕业后又被保送研究生。

他积极参与网络安全活动和研究，通过合理的推广和教育，帮助更多人了解网络安全的重要性，并学习如何保护自己的个人信息。在他的努力下，当地政府开始加强网络安全的法律和政策保护。小贾被邀请参与制定相关政策，并在学校和社区开展网络安全教育活动，向更多的青少年传授网络安全知识和技能。小贾的影响力逐渐扩大，他成为网络安全领域的知名专家。

然而，小贾也意识到互联网的坏处和负面影响。他看到了网络欺凌、信息泄露、虚假信息等问题带来的伤害和困扰。他决定不仅关注网络安全，还要推动网络道德的发展。小贾开始与学校、家长和社区合作，实施青少年网络素养培养计划。他帮助青少年了解如何正确使用互联网、识别虚假信息、避免网络沉迷和网络欺凌等问题。他鼓励青少年积极参与现实生活，与亲友进行面对面的交流，保持健康的生活平衡。小贾的努力得到了广泛认可和赞赏，他成为青少年心目中的网络安全偶像。他的故事被媒体广泛报道，激励更多的年轻人投身于网络安全和网络素养培养的工作中。他自己也收到了来自各个地方的邀请，作为演讲嘉宾参加各种活动和会议，分享他的经验和观点。

在他的努力下，网络安全和网络素养逐渐成为社会的热点话题。政府和教育机构纷纷加大对网络安全教育的投入，制定了更为严格的网络安全法规和政策。学校开设了网络安全课程，培养学生的网络素养和自我保护意识。

活动

（1）故事引入：通过一个与网络有关的故事向学生阐述什么是网络。

（2）学生分享：让学生分享自己家是否已经安装网络，自己是什么时候接触网络的；每天通过网络所做的事情有哪些。

评析

互联网不仅是一个工具或娱乐平台，它也是一个充满机遇和挑战的世界。我们每个人都应该以积极的态度对待互联网，学习如何正确使用互联网并保护自己；培养良好的网络素养，共同建立一个安全、健康、有益的网络环境。

互动交流 2 辩论赛——网络的利与弊

活动目的

通过辩论，让学生更全面地认识网络的利弊，培养合理使用网络的习惯；提高学生的逻辑思维和辩证分析能力；锻炼学生的语言表达和公共演讲技巧；促进学生之间的知识交流和思想碰撞。

实施步骤

（1）策划准备

确定辩论赛的主题、时间、地点。

组建辩论赛组织委员会，负责辩论赛的整体策划和执行。

制定辩论赛规则和评分标准。

邀请辩论经验丰富的老师或学生进行辩论技巧和规则的培训。

（2）队伍组建

学生自由报名，选择加入正方或反方队伍。

每队选出一名队长，负责组织队伍讨论和准备辩论材料。

（3）辩论赛开展

按照辩论流程进行正式比赛，包括开篇立论、攻辩、自由辩论、总结陈词等环节。

正反双方一辩分别陈述观点，时间各 3 分钟。

正反双方二辩、三辩轮流提问对方一辩、二辩，时间各 2 分钟。

正反双方自由辩论，时间各 4 分钟。

正反双方四辩总结陈词，时间各 3 分钟。

老师和学生代表组成评委团，根据辩论表现进行打分。

（4）颁奖总结

评委对辩论进行点评，提出建议。

根据评分结果，颁发最佳辩手奖、最佳团队奖等。

举行闭幕式，对辩论赛进行总结。

活动总结

通过问卷调查和访谈收集学生的反馈意见；总结活动举办的成功之处和需要改进的地方，为之后的辩论赛提供参考；评估活动对学生思辨能力和语言表达能力的提升效果；将辩论赛的精彩瞬间和获奖名单展示在校园媒体上，鼓励更多学生参与。

评析

互联网是一把“双刃剑”。互联网的普及带来了前所未有的便利，让我们能够快速获取信息、随时随地沟通，极大地促进了社会的发展和进步。但同时它也带来了诸多挑战，比如隐私泄露风险，以及对青少年的心理健康和社交能力的影响。通过这样的辩论赛活动，学生不仅能够锻炼自己的辩论技巧，还能够对网络的利弊有更深入的理解和认识，从而更加理性地使用网络。

互动交流 3 沉迷网络的影响

小炎从小就对电子产品和网络游戏充满了兴趣，他喜欢沉浸在虚拟的世界中，与朋友一起玩游戏、交流和探索。

起初，小炎的父母并没有意识到他沉迷于网络的问题。他们认为，这只是小炎的一种娱乐方式，同时也让他学习了很多电脑知识和技能。然而，随着时间的推移，小炎越来越沉迷于网络，逐渐忽视现实生活中的责任和义务。

小炎的学习成绩开始下滑，他总是赶不上课堂的进度，老师和家长多次找他谈话，希望他能够专注于学习。然而，小炎对学校的要求和期望漠不关心，他只关注自己的网络游戏和社交媒体。家庭关系也因此受到了严重的影响。小炎经常与父母争吵，他们对他的沉迷感到失望和担忧。父母试图限制他的网络使用时间，但小炎总能找到方法绕过这些限制，继续沉浸在网络世界中。小炎的朋友圈也逐渐变窄，他与现实生活中的朋友疏远了，只与网络上的朋友保持联系。他越来越依赖虚拟世界的认可和赞赏，而忽视了现实的人际关系和社交技能的培养。

这种沉迷的状态逐渐影响到小炎的身体健康。他长时间久坐，缺乏运动，导致体力下降和肥胖问题。他的眼睛也受到了伤害，经常感到眼干和视力模糊。有一天，小炎在网络上结识了一个名叫大神的游戏玩家。大神自称是一个成功的网络游戏玩家，他在游戏中赚取了大量的虚拟货币和装备。小炎对大神的成就感到羡慕和崇拜，他开始追求在游戏中的荣誉和成就。

然而，随着时间的推移，小炎渐渐发现，大神在现实生活中并没有取得真正的成功。他在学业、人际关系和职业发展上都遇到了困难。小炎开始怀疑自己是否走上了错误的道路。他开始反思自己对网络的沉迷，以及对现实生活的忽视。他意识到，虚拟世界只是一种逃避现实的方式，而真正的成就和幸福来自现实生活中的投入和努力。

小炎决定改变自己。他主动与家人和朋友沟通，寻求他们的理解和支持。他开始重新关注学业，制订了学习计划和目标，并努力赶上课堂进度。他加入了学校的社团，与同学们建立了新的友谊，提升自己的人际交往能力。同时，小炎也学会控制自己对网络的使用。他设定了合理的上网时间，并尝试寻找其他的兴趣爱好，如运动、音乐和阅读。这些新的活动不仅丰富了他的生活，也帮助他重新建立起对现实世界的热情和兴趣。

后来，小炎逐渐恢复了学业上的优秀表现，并获得了老师和家长的认可与赞赏。

他的人际关系也得到了改善，他学会了与人相处、合作和沟通。这些改变不仅让他在学校和社交圈中取得成功，还为他的未来奠定了坚实的基础。

活动

（1）说一说：请学生们讲一讲自己每天都利用网络做什么。如果玩游戏，会玩多长时间；家长对自己使用网络有没有什么限制。

（2）想一想：请学生们思考网络对自己来说有哪些坏处，并结合自己上网遇到的事件，说一说自己上网的感觉，以及如何健康上网。

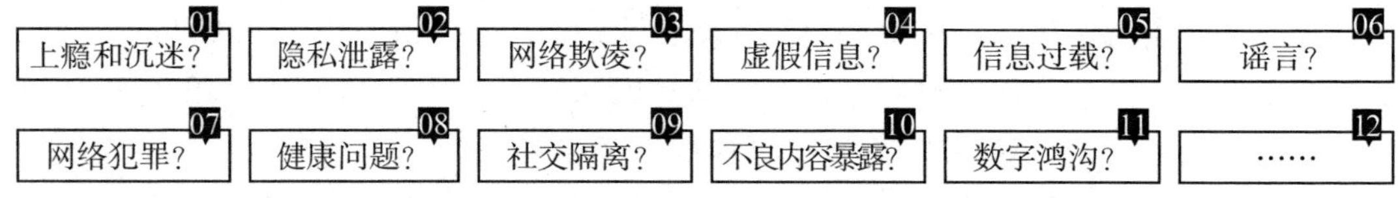

评析

虽然互联网给我们带来了许多便利和机遇，但它也带来了一些负面影响。我们要警惕网络的诱惑，保持对现实生活的关注和投入，努力实现自己的梦想和目标。

互动交流4 应对网络欺凌

小瑶是一个14岁的中学生，她喜欢在社交媒体上与朋友和同学分享自己的生活。然而，有一天，她突然发现自己成为网络欺凌的目标。有人在社交媒体上对她进行恶意的言语攻击和侮辱，甚至发布了一些虚假的谣言。

一开始，小瑶感到非常难过和困惑。她不明白为什么会有人攻击她。她试图回应欺凌者的攻击，希望能够化解这个局面，但结果却引来更多的攻击和恶言。慢慢地，小瑶明白，积极回应欺凌者的攻击只会让事态变得更糟。她意识到保持沉默是更好的选择，决定不与欺凌者争吵或反击。她停止回应攻击，不再让欺凌者得到她的关注。

小瑶也明白她不能独自承受这种欺凌。她决定向家长和老师寻求帮助。她跟父母坦诚地分享了自己受到的网络欺凌，并解释了自己选择保持沉默的原因。父母非常关心并且支持她，他们一起制订了一个应对网络欺凌的计划。小瑶的父母与学校老师进行了沟通，并提供了相关的证据。学校采取了行动，与小瑶的同学和他们的家长进行了交流，明确告诉他们网络欺凌的严重性，并加强了对学生的教育和监督。学校也与相关的社交媒体平台合作，封禁了欺凌者的账号。经过一段时间的努力，针对小瑶的网络欺凌逐渐停止了。小瑶重新恢复了自信和快乐。她从这次经历中学到了很多，并且变得更加坚强和理智。

小瑶的故事告诉我们，如果受到网络欺凌，应该如何处理。首先，保持沉默是一个明智的选择，不与欺凌者争吵或反击。这样可以避免进一步升级和扩大欺凌的影响。其次，寻求帮助是非常重要的。小瑶向家长和老师寻求帮助，他们的支持和干预起到了关键作用。家长和老师可以提供情感上的支持，帮助受害者面对困难，并与学校和相关的机构合作解决问题。同时，家长和老师也可以通过教育和宣传来预防网络欺凌的发生。他们可以与学生讨论网络安全和道德，教导他们如何正确使用互联网和社交媒体，以及如何应对网络欺凌。

最重要的是，不要进行报复性的攻击行为。报复只会加剧矛盾和伤害，而且违法行为可能会让自己陷入更大的麻烦。相反，应该把精力放在积极的事情上，如与亲朋好友交流，参加兴趣小组或活动，寻找心灵的安慰和支持。小瑶的经历让她变得更加坚强。她学会了保护自己，养成了更健康的网络使用习惯，并且懂得如何应对和解决类似的问题。她也因此成为同学们的榜样，鼓励他们勇敢面对困难，并提醒他们如何保护自己。

活动

（1）讲一讲：讲述一些遭受网络欺凌的案例，告诉学生们如果有一天遇到了网络欺凌，一定要通过法律的手段来维护自己的权益。同时，不要在网络上发布一些不实的信息，给别人造成困扰或者伤害。

（2）探讨：既然网络有这么多的坏处，那么为什么不杜绝网络？或者有什么好的方法去解决这个问题？

评析

面对网络欺凌时，积极回应攻击并报复是不明智的选择。相反，保持沉默、寻求帮助和积极规划解决方案，是更加健康和有效的处理方式。网络对于我们来说是一把双刃剑，有好处，也有坏处，所以需要我们共同努力，营造一个友善和互相尊重的网络环境，保护每个人的权益和尊严。

扩展习题

1. 在使用互联网时，以下哪项是保护个人隐私的最佳做法？（　　）

   A. 在社交媒体上公开分享个人信息　　B. 使用弱密码保护个人账号

   C. 不随便向陌生人透露个人信息　　D. 随意下载来历不明的软件

2. 以下哪种行为属于网络欺凌？（　　）

   A. 在社交媒体上发布正能量的评论　　B. 发送威胁或侮辱性的消息给他人

C. 在游戏中和其他玩家友好竞争　　　　D. 向朋友分享自己的喜好和兴趣

3. 在使用社交媒体时，以下哪项是正确的行为？（　　）

A. 故意传播谣言和不实信息　　　　B. 尊重他人的观点和意见

C. 发布他人的隐私信息　　　　D. 不考虑文章的真实性和可信度就转发

4.《未成年人网络保护条例》从哪一年起施行？（　　）

A. 2022 年　　B. 2023 年　　C. 2024 年　　D. 2025 年

5.《未成年人网络保护条例》规定，网络游戏服务提供者不得在什么时间段向未成年人提供网络游戏服务？（　　）

A. 每日 8 时至 22 时　　　　B. 每日 0 时至 8 时

C. 每日 22 时至次日 8 时　　　　D. 每日 12 时至 14 时

6.《未成年人网络保护条例》中提到，未成年人的监护人应当如何指导未成年人使用网络？（　　）

A. 放任未成年人自由使用网络

B. 指导未成年人安全合理使用网络，关注未成年人上网情况

C. 仅在节假日允许未成年人使用网络

D. 禁止未成年人接触所有网络游戏

7. 根据《未成年人网络保护条例》，以下哪项不是学校在网络保护中应当承担的责任？（　　）

A. 加强对教师的指导和培训，提高教师对未成年学生沉迷网络的早期识别和干预能力

B. 为学生提供优质的网络素养教育课程

C. 完全禁止学生在学校使用网络

D. 建立健全的上网管理制度

答案：CBBCC BC

13.“爱护公共财物或他人财物”主题班会

本章我们将要举行一次特别的主题班会，主题是“爱护公共财物或他人财物”。这个主题非常重要，因为它关乎我们每个人的责任和义务，也涉及班集体的形象和声誉。

我们生活在一个共同分享的社会中，有许多公共财物和设施为我们提供了便利和舒适的环境，比如学校的教室、图书馆、操场，以及公园、公交站等。但是这些财物是需要我们共同爱护和维护的。有时候，我们可能会不经意对公共财物或他人财物造成损害。比如，在教室里乱涂乱写，损坏桌椅；或者在公交车上乱扔垃圾，损坏座椅，等等。这些看似微不足道的行为，实际上却给社会和他人带来了不必要的困扰和损失。

因此，本章我们将一起学习和了解《中华人民共和国治安管理处罚法》，这部法律对于损坏公共财物和他人财物的行为有着明确的规定和处罚措施。我们将了解这些行为的严重后果，也将明确自己应该如何正确对待公共财物和他人财物，以及如何遵守相关法律法规。

除了了解《中华人民共和国治安管理处罚法》，我们还将通过互动讨论，分享观点和经验，共同探讨爱护公共财物或他人财物的重要性。每个人都有自己的观点和看法，希望大家积极参与，提出自己的意见和建议，一起找到解决问题的方法和途径。

同时，希望大家能够珍惜这次宝贵的学习机会，从自身做起，积极践行爱护公共财物或他人财物的价值观。让我们一起行动起来，共同营造爱护公共财物的和谐环境，展现我们班级的团结和责任心。

互动交流 1 公共财物的保护

公共财物是指所有权属于国家、集体或公益事业的各种财产，包括公共设施、公园、街道、桥梁、学校、医院等供公众使用的建筑物和设施。公共财物的存在是为了满足公众的基本需求，提供良好的生活和工作环境。

由于人们对公共财物的不当使用和破坏，公共财物可能面临各种问题。乱丢垃圾、随意涂鸦、故意损坏、私自占用等行为都会对公共财物造成损失。这不仅给城市形象带来负面影响，也给公众的生活带来不便。

在一个美丽的城市里，有一座历史悠久的公园，里面有茂密的树林、清澈的湖泊和供人休息的长椅。这座公园是城市居民放松身心、享受大自然的重要场所。然而，随着时间的推移，公园逐渐受到了一些不负责任的人的破坏。

一天，小兴和他的朋友小郴来到公园散步。他们发现公园里的一些长椅被刻意涂鸦，树枝被折断，花坛里的花朵被踩坏。他们感到非常气愤，不明白为什么有人会对公共财物如此不尊重。

小兴和小郴决定采取行动，他们联系了公园管理部门，并组织了一次公园清洁和修复活动。他们邀请了更多的志愿者加入，一起清理垃圾、修剪树木、重新种植花草，并修复长椅。这个活动得到了大家的热烈响应，越来越多的人加入进来，表达了对公共财物的关注和爱护之心。

渐渐地，公园焕发出新的生机，再次成为人们休闲娱乐的好去处。人们在公园里漫步，享受着大自然的美好。公园管理部门也加大了安保力度，加装了监控设备，以防止类似的破坏事件再次发生。

活 动

（1）图片引入：展示几幅公共财物的图片。

（2）视频播放：播放一些有关我国名胜古迹、公园景区等的视频，引入公共财物的概念。

评 析

公共财物的保护需要每个人的共同努力。我们应该尊重公共财物，爱护它们，不随意破坏。只有每个人都行动起来，共同维护公共财物，我们才能享受到美好的城市环境并提高生活质量。让我们一起努力，爱护公共财产，共同建设美好的社会。

互动交流 2 破坏公共财物的行为

有一个美丽的公园，那里有茂盛的花坛、郁郁葱葱的树木和修剪整齐的草坪。这个公园是城市居民休闲、散步的理想场所。每天，人们都会来到这里，享受大自然的美好和宁静。

然而，近来公园里发生了一系列破坏行为。有些不负责任的人，不顾公园的美丽和其他人的权益，毫无理由地破坏草坪、踩踏花坛，甚至恶意砍伐树木。这些行为引起了公众的愤怒和担忧，城市管理部门决定采取行动。

根据《中华人民共和国治安管理处罚法》，公园管理部门与警方联手展开了一系列巡逻和监控工作，寻找破坏公园环境的人。他们在公园周边安装了监控摄像头，加大了巡逻力度，并通过媒体宣传呼吁公众共同保护环境。不久，一名年轻人被抓获。他曾多次被摄像头拍到在夜晚进入公园，用尖锐物品破坏草坪和树木。经过调查发现，他之所以实施这些破坏行为，是由于他对社会不满，被不良习气驱使。他并没有意识到自己的行为对公众和环境造成了伤害。

这名年轻人被带到派出所接受审讯。警方发现这名年轻人在个人生活上遇到了一些挫折和困难。他感到被社会抛弃，缺乏归属感和自我价值感。这些负面情绪和压力导致他对社会产生了不满和愤怒，进而表现为破坏公园的行为。警方意识到，仅仅通过法律制裁无法解决这个问题的根本。他们决定采取一种更加综合和人性化的方式来处理此案。警方联系了社区工作人员和心理专家，希望能够为这名年轻人提供适当的帮助和引导，帮助他重新审视自己的行为并找到合适的出路。

接受心理辅导后，在社区工作人员的帮助下，这名年轻人开始反思自己的行为，并意识到自己的破坏行为对公众和环境造成了伤害。他对自己的行为感到后悔和愧疚，并表示愿意主动修复他所破坏的公园。

公园管理部门与社区工作人员共同制订了一项行动计划。首先，他们安排这名年轻人参与公园的修复工作，让他亲身体验修复的艰辛和意义。通过亲自动手，他逐渐理解了保护公共财物和环境的重要性，并对公园产生了一份特殊的情感。同时，公园管理部门还安排了一系列的教育活动，邀请环保专家和志愿者向公众讲解环境保护的重要性，呼吁大家共同参与保护公园的行动。这些活动不仅意在提高公众的环保意识，也希望通过正面引导，让更多人加入保护公园的行列。

在公众的支持和监督下，这名年轻人逐渐走上了正轨。他参与社区的志愿者活动，积极推动环保工作，并用自己的经历向年轻人讲述保护公共财物和环境的重要性。他的改变不仅对自己有益，也对公园和整个社区产生了积极的影响。

公园又恢复了往日的宁静与美丽。人们再次在这个绿色的天地里享受休闲时光，感受大自然的魅力。公园里的花坛再次绽放，树木重新长出新的枝叶。公园里的每一个角落都洋溢着和谐与美好。

活动

（1）故事引入：先讲一个故意破坏草坪、花卉、树木的故事，引入《中华人民共和国治安管理处罚法》。

（2）讲一讲：请学生们讲一讲自己所看到的或者听过的故意破坏公共财物的行为。

评析

破坏公共财物是违法的行为，必须受到法律的制裁。在城市管理部门和公众的共同努力下，通过加强安保措施、宣传教育并加大打击力度，可以有效遏制破坏行为的发生，维护公共财物和社区的和谐稳定。只有每个人都以爱护和尊重公共财物为己任，我们才能共同营造一个美好的社会环境。

互动交流3 我是小小守护者

活动目的

通过体验式活动，让学生亲身感受保护公共财物的责任，理解爱护公共财物的重要性，增强学生对公共财物的情感认同，培养爱护公共财物的习惯。

实施步骤

（1）学生分组：每组4~6名学生。将班级内的公共财物（如：图书、挂图、花卉、桌椅、教具、体育器械等）分配给不同的小组进行守护，并规定守护任务的起止时间。

（2）守护任务1：每组学生负责将所守护的公共财物进行登记，并记录损坏、缺失等情况。

（3）守护任务2：每组学生集思广益，制定出守护公共财物的管理制度，如：借阅制度、更新制度、赔偿制度等。这些制度要经过班级全体同学的讨论，最终形成统一的管理制度。

（4）守护任务3：鼓励每组学生利用废旧物品制作新的可使用物品，体会资源再利用的乐趣。

活动总结

守护任务结束之后，组织班级讨论会，让学生分享体验和感受，并将守护过程中的照片、记录、感悟等通过公众号、视频号等方式进行宣传。

活动

（1）请同学们观察一下校园里有哪些公共财物需要守护，提出具体的守护方法和建议。

（2）请同学们观察一下在自己居住的小区或者房屋附近，有哪些公共财物需要守护，提出具体的守护方法和建议。

评析

爱护公物，人人有责。要从小培养学生的社会公德心和爱护公共财物的良好习惯。每个学生都应该从小事做起，比如不乱涂乱画、不损坏桌椅、节约用水用电。这样，我们不仅能够保护公共财物，还能为自己和他人创造一个美好的学习环境。让我们携手行动，共同营造一个和谐、文明的校园。

互动交流 4 用法律保护自己的权益

在一个风和日丽的周末，小易和他的爸爸决定去市中心的广场上打羽毛球，享受一段美好的父子时光。这个广场是市民休闲娱乐的好去处，四周绿树成荫，中间是宽敞的空地，常常有老人在晨练，孩子们在追逐嬉戏。阳光透过树梢，洒在广场上，形成斑驳的光影。微风轻拂，带来远处的花香和青草的气息。广场上，有的家庭在野餐，有的孩子在放风筝，还有像小明他们这样的运动爱好者在打球。一切都是那么和谐，直到几个不速之客的到来。几个穿着奇装异服的社会青年带着不屑的眼神，大摇大摆地走进了广场。他们看中了小易和他爸爸打球的地盘，要求他们让开。小易的爸爸礼貌地解释说，他们先来的，而且正在打球，希望青年们能找其他地方。

社会青年中一个领头的说：“少废话，我们哥儿几个今天就要这块地，赶紧滚。”

小易的爸爸冷静地说：“年轻人，公共场所应该大家共享，我们先来的，你们应该找其他地方。”另一个青年不耐烦地推了小易爸爸一下：“你找打是不是？”青年们不由分说,开始推搡小易和他爸爸,甚至动手殴打,导致小易的爸爸受了伤。周围的市民见状，纷纷上前劝阻，但青年们不依不饶。

小易看无法阻止这几个社会青年施暴，就快速跑到广场的治安亭，找来了警察。警察叔叔到来后，迅速控制了场面，将几个社会青年带回了派出所。

根据《中华人民共和国治安管理处罚法》第四十三条规定，殴打他人的，或者故意伤害他人身体的，处五日以上十日以下拘留，并处二百元以上五百元以下罚款。由于社会青年的行为构成了故意伤害，警察依法对他们进行了拘留，要求他们赔偿小易爸爸的医疗费用和精神损失，并公开道歉。

在警察的教育下，几个社会青年意识到了自己的错误，他们不仅赔偿了小易爸爸损失，还在广场上公开向小易和他爸爸道歉。小易的爸爸虽然受了伤，但用法律维护了自身权益，也感到了一丝安慰。小易通过这件事，更加深刻地理解了法律的重要性，也更加珍惜和爸爸在一起的时光。

活动

（1）请同学们讨论：如果你是小易，遇到这种情况你会怎么做？

（2）请同学们思考：之前是否遇到过类似的问题？你是怎么处理的？有什么经验可以分享给同学们？

评析

当我们遇到不法侵犯时应该如何正确处理？《中华人民共和国治安管理处罚法》

给出了明确的解释，即应当及时报警，向公安机关报案，并积极配合公安机关的调查和处理。在遇到不法侵犯时，我们应当保持冷静，尽量避免与侵犯者发生直接冲突，以免自身受到伤害。同时，我们要注意收集和保护现场证据，如可能的话，记录下侵犯者的体貌特征、行为举止等，以便警方调查取证。

如果条件允许，我们可以使用手机等设备录音、录像，或者寻找目击证人，为后续的法律程序提供证据支持。在紧急情况下，我们有权进行正当防卫，但防卫行为必须是制止不法侵害所必需的，并且与不法侵害的性质、情节和危害程度相适应，避免防卫过当。

扩展习题

1. 在公共场所乱扔垃圾或随意涂鸦是一种什么行为？（　　）

A. 礼貌行为　　B. 违法行为

C. 无关紧要的行为　　D. 随意的行为

2. 爱护公共财物或他人财物的重要性在于（　　）。

A. 增加自己的财富　　B. 增加社会的收入

C. 维护社会秩序和公共利益　　D. 满足个人的需求

3. 以下哪种行为不属于爱护公共财物或他人财物？（　　）

A. 爱护公共设施并正确使用　　B. 主动打扫公共区域

C. 随意损坏他人财物　　D. 帮助他人维护公共财物

4. 以下哪项是爱护公共财物或他人财物的重要方面？（　　）

A. 维护自己的利益　　B. 提高个人声誉

C. 关心和尊重他人的权益　　D. 结交更多朋友

5. 如果你发现有人故意损坏公共财物或他人财物，你应该（　　）。

A. 给他们罚款　　B. 告诉老师或有关部门

C. 自己修理　　D. 忽视这种行为

6. 根据《中华人民共和国治安管理处罚法》，故意损坏公共财物或他人财物的行为属于（　　）。

A. 违法行为　　B. 合法行为　　C. 个人自由行为　　D. 社会责任行为

7. 根据《中华人民共和国治安管理处罚法》，对于故意损坏公共财物或他人财物的行为，可能面临的处罚是（　　）。

A. 警告　　B. 罚款　　C. 拘留　　D. 全部都是

8. 根据《中华人民共和国治安管理处罚法》，爱护公共财物或他人财物的行为将会（　　）。

A. 获得奖励　　B. 得到荣誉称号　　C. 受到法律保护　　D. 被排斥和歧视

9.《中华人民共和国治安管理处罚法》的宣传目的是（　　）。

A. 威慑违法行为　　B. 保护公共财物和他人财物

C. 提高社会公德意识　　D. 全部都是

答案：BCCCB ADCD

14.“世界环境日”主题班会

环境保护是当今世界的重要课题之一。在 20 世纪，人类社会取得了巨大的物质成就，但同时也面临着前所未有的危机。人口膨胀、资源枯竭、环境恶化、粮食短缺等问题严重威胁着人类的生存与发展。我们目睹了由于毁林开荒、过度放牧等活动，许多地区的森林和草原遭到了破坏，水土流失不断加剧，荒漠化蔓延，自然灾害频繁发生。工业生产排放的污染物导致城市空气不再清新，河流湖泊变得不再清澈，污染事故层出不穷，严重威胁着人民的健康和生命安全。人类既是环境的创造者，也是环境的塑造者。环境为人类提供了生存所需，同时也为人类在智力、道德、社会和精神等方面的发展提供了机会。因此，保护和改善人类环境成为全球各国人民幸福和经济发展的关键问题，也是各国政府肩负的重要责任。我们必须认识到环境问题的严重性，并采取积极的行动来解决它们。

地球是我们共同的家园，保护环境就是为我们自己的未来和下一代创造更优质的生活条件。《中华人民共和国环境保护法》作为我国环境保护的重要法规，对于确保生态环境的可持续发展起到了至关重要的作用。

在本章的班会中，我们将通过多种形式的宣传和互动交流，深入了解《中华人民共和国环境保护法》的基本内容和重要原则，了解环保法律法规对我们日常生活的影响和意义。同时，我们也将分享一些实际案例，探讨身边环境问题的解决方法，以及每个人在环保行动中能够做出的贡献。

希望本次班会能够激发大家的环保意识，让大家共同认识到保护环境的重要性，并积极行动起来。无论是从小事做起，如减少用水、节约用电，还是参与社区的环保活动，我们每个人都可以为环保事业贡献力量。

互动交流 1　环境保护行动

在一个远离城市喧嚣的小村庄里，有个叫小楚的男孩。小楚每天都能呼吸新鲜的空气，听着鸟儿歌唱，看着蓝天白云。他尽情地享受着大自然的恩赐。

小楚的家人十分注重环境保护。他们认识到环境对于人类的生存和发展有着重要的影响，所以他们非常珍惜和爱护自己所居住的土地。他们努力保持村庄的清洁，不乱扔垃圾，定期进行垃圾分类和处理。他们还种植了很多树木，绿化村庄，清新空气。

小村庄变得越来越美丽，人们的生活质量也得到了提高。在大家的共同努力下，村庄的空气更加清新，水质更加纯净，野生动植物的生态环境得到了保护和恢复。人们感受到了大自然的恩赐，更加珍惜和爱护这片土地。

而这个小村庄的环保成果也引起了更大范围的关注。人们对这个村庄的环境保护举措赞叹不已，纷纷前来学习和参观。政府也给予了支持和关注，提供了更多的资源和资金，帮助村庄进一步发展。小楚和他的朋友们成为环保先锋。他们感到非常自豪和满足，因为他们的努力改变了整个村庄的命运。透过村庄的变化，小楚和他的朋友们意识到他们的力量可以改变世界。他们决定将环境保护的理念传播到更远的地方。

小楚和他的朋友组建了一个团队，他们走出村庄，到邻近的城市和乡村进行环境教育宣传。他们举办座谈会、讲座和工作坊，向更多的人普及环保知识。他们与学校、社区组织和政府机构合作，共同推动环境保护。他们还利用社交媒体和互联网平台，发布环境保护的信息和案例，鼓励更多的人参与环保事业。他们发起了一系列的环保倡议和挑战，号召大家改变生活方式，减少浪费，节约能源，减少污染。

通过这个故事，我们意识到每个人都有改变世界的能力。只要我们积极行动，传播环保意识，鼓励他人参与，我们就能共同创造一个更美好、可持续的未来。让我们跟随小楚的脚步，为环保事业贡献自己的力量！

活动

（1）故事引入：讲一个有关环境保护的故事，引入环境保护的概念。

（2）图片展示：展示一些美丽的风景、名胜古迹、海洋、湖泊等图片，让学生感受自然之美。

（3）分享：让学生们分享一下自己看过的美景。

评析

环境是指影响人类生存和发展的各种天然的和经过人工改造的自然因素的总体，包括大气、水、海洋、土地、矿藏、森林、草原、湿地、野生生物、自然遗迹、人文遗迹、自然保护区、风景名胜区、城市和乡村等。我们每个人都可以为环境保护贡献自己的力量，共同创造一个美好的未来。

互动交流 2 保护环境，从垃圾分类入手

在一个风景如画的小镇上，居民们曾经享受着宁静而幸福的生活。但随着经济的发展和消费水平的提升，日益增长的垃圾量逐渐成为一个严峻的环境问题。小镇的居民们逐渐认识到，垃圾的随意丢弃不仅严重污染了环境，还浪费了大量可回收资源。

为了应对这一挑战，居民们决定采纳垃圾分类的先进理念，并付诸实践。

为了推动这一变革，小镇自发组建了一个垃圾分类志愿者团队。小杭和同学们一起积极报名参加。这个志愿队的任务是教育和引导居民正确进行垃圾分类，并确保垃圾得到恰当的投放、收集、运输和处理。小杭和伙伴们身着鲜明的马甲，面带微笑，逐户拜访，耐心地向居民解释垃圾分类的细则。他们教居民如何区分可回收物、厨余垃圾、有害垃圾和其他垃圾，并强调每种垃圾的分类标准和重要性。居民逐渐认识到垃圾分类的价值，并开始积极实践。他们学会了将废纸、塑料瓶、铝罐等可回收物放入专门的垃圾袋，将食物残渣等厨余垃圾扔进指定的垃圾桶，而有害垃圾则被小心地单独存放，等待特殊处理。

为了方便居民分类投放，小镇在各个区域安装了标识清晰的分类垃圾桶。每个垃圾桶上都有明确的指示，指导居民正确投放各类垃圾。随着时间的推移，小镇垃圾分类的努力开始显现成效。可回收物如废纸、塑料瓶和铝罐被送往回收中心，经过加工变成了新的原材料。厨余垃圾被送往堆肥厂，转化为有机肥料，用于滋养农田。有害垃圾得到了专业处理，避免了对环境和健康的潜在威胁。小镇的环境因此变得更加清新，空气中弥漫着花香和青草的气息，居民们的笑声也更加爽朗。他们亲身体验到了垃圾分类带来的积极变化,生活质量得到了显著提升。小镇的成功经验不仅让居民自豪，也吸引了众多外地游客和代表团前来参观学习。周边城市也开始效仿小镇的垃圾分类模式，垃圾分类逐渐成为一种新风尚。随着时间的推移，垃圾分类成为人们日常生活的一部分，居民们养成了良好的垃圾分类习惯，这成为他们生活的责任和义务。

活动

（1）请同学们讨论：你家住的小区实行垃圾分类了吗？如果实行了，你是怎么做的？有什么好方法可以分享？

（2）请同学们给市长写一封信，谈谈对垃圾分类的看法，垃圾分类的困难是什么，如果坚持垃圾分类需要出台什么政策措施。

评析

垃圾分类是环境保护的一个重要举措。但是由于很多人没有垃圾分类的意识，推广和实施垃圾分类面临着不小的挑战。这就需要政府、社区和每个公民共同努力，通过教育宣传提高公众的环保意识，制定切实可行的分类政策，并提供便利的分类设施，逐步培养人们的垃圾分类习惯，让环保成为每个人生活的一部分。随着时间的推移，这些努力将逐渐结出硕果，为我们的地球带来绿色可持续的未来。

互动交流3 学会垃圾分类

有一个叫小瞿的男孩，他有着一双好奇的大眼睛和一颗热爱大自然的心。有一天，他在公园的长椅下捡到一张彩色的海报，上面画着四个不同颜色的垃圾桶，分别写着——可回收物、厨余垃圾、有害垃圾、其他垃圾。小瞿对这四种分类很好奇，于是他去找当地的“环保小绿”垃圾分类中心的负责人芳姐探个究竟。

芳姐带着小瞿参观了垃圾分类中心。首先，他们来到了可回收物的处理区域。这里堆满了五颜六色的瓶子和纸盒。芳姐向小瞿介绍了可回收物的种类，包括废纸、塑料瓶、玻璃瓶、金属罐等。小瞿看到工作人员像玩拼图一样，将可回收物进行分类，他们还会给瓶子和纸盒“洗澡”，让它们变得干干净净，重新回收利用。

接下来，他们来到了处理厨余垃圾的区域。这里有着一股自然的泥土气息。芳姐告诉小瞿，厨余垃圾包括剩菜剩饭、果皮等有机垃圾，这些垃圾经过处理可以变成有机肥料，用于种植蔬菜和花草。小瞿看到一台巨大的机器，它像一个魔法师，把厨余垃圾变成黑金般的腐殖土，准备送到农场。

他们又来到了有害垃圾的处理区域。小瞿看到这里的工作人员像宇航员一样穿着防护服在紧张地工作，专门处理废电池、荧光灯管等有害垃圾。芳姐告诉他，这些垃圾中含有有害物质，如果不正确处理，可能会对环境和人体健康造成危害。小瞿觉得这像是一个超级英雄的秘密基地。

最后，他们来到了其他垃圾的处理区域。这里收集的是无法归类到以上三种垃圾的其他垃圾，比如纸巾、烟蒂等。虽然这些垃圾无法再利用，但仍然需要进行正确的处理，以减少对环境的污染。小瞿看到一台像大嘴怪一样的机器，它把这些垃圾吞进去，然后垃圾就整体被打包吐了出来，装车运走了。

通过参观和学习，小瞿深刻地认识到垃圾分类对保护环境的重要性。他决定从自己家住的小区开始宣传垃圾分类。小瞿设计了一系列的海报和宣传单，向小区居民解释垃圾分类的原理和方法，并鼓励大家积极参与其中。

小瞿的努力没有白费，小区的居民们纷纷响应他的号召，开始积极参与垃圾分类。他们将可回收物、厨余垃圾、有害垃圾和其他垃圾分开处理。随着时间的推移，小区的环境发生了明显的改变。公园里、道路两旁不再有随处乱丢的垃圾。人们养成良好的生活习惯，垃圾分类变成了他们生活中的一部分。

活动

（1）图片展示：展示四种垃圾的标识图片，请学生进行辨认。

（2）讨论分析：请学生讨论并举例说明每种垃圾的处理方式。

（3）手工制作：让学生用废弃物品（如塑料瓶、易拉罐、纸盒等）做一些手工制品。挑选优秀的作品在班级内展示。

评析

引导学生学习垃圾分类的方法，是贯彻落实《中华人民共和国环境保护法》的重要举措，也体现了环保要从“娃娃”抓起的理念。首先，让学生们了解垃圾是如何分类的、有什么分类的原则，记住垃圾分类的方法；其次，告诉他们各种垃圾分类的去处，垃圾未必就是没有用的；最后，鼓励孩子利用废品制作纪念品、艺术品等，为班级环境进行点缀，让有价值的废品得以重复利用，减少资源的浪费。

互动交流4 环保情景剧

为了提高同学们的环保意识，我们要上演一场“环保情景剧”。下面是有关几个角色的描写，请同学们选择自己喜欢的角色，进行深度加工，丰富角色的台词和表演，排练之后呈现给大家。

地球是一个大家庭，这个家庭中有人类、动物、植物、江河湖泊、海洋、森林、沙漠、大地……这个大家庭的家长就是地球，本来这个家庭中的成员相处和睦，生活富足。但是由于其中一个成员不断发展壮大，这一切都变了，这个成员就是——人类。于是这个家庭召开了一次家庭会议。

地球：我是地球，也是家长，我是一个广袤而多样的家园。我的形状是一个略扁的球体。我表面分布着广袤的海洋、茂密的森林、蜿蜒的河流、起伏的山脉，还有丘陵和平原。我的身体里还蕴藏着各种宝贵的矿产资源，如煤炭、黄金和白银。我是一个充满生机和绿色的行星。

人类甲：我们的祖国辽阔广袤，拥有丰富的自然资源。我们有壮丽的山脉、汹涌澎湃的大海，祖国的美景让人陶醉！我们的家乡风景优美，气候舒适。我们的学校环境宜人，是培养人才的摇篮。我们为拥有这样美丽的祖国、家园和学校感到自豪。

人类乙：可是，随着世界人口的增长和不合理的资源利用，我们面临着森林减少、草原退化和耕地丧失等问题，这导致了生态系统的破坏和环境的污染，环境质量不断恶化。大地在呻吟，河流奏起了悲歌。

沙漠：我是沙漠。由于人类的活动和气候变化，沙漠化问题日益严重。大片的土地变成了贫瘠的沙漠，让植物和动物无法生存。你们看到的最大沙漠，有些地方曾经也是绿洲，只是由于环境遭到了破坏，才变成今天的荒漠。人类应该共同努力，采取行动来防止沙漠化的进一步扩大，保护好地球的宝贵资源。

海洋：我是海洋。人类的过度捕捞、海洋污染和气候变化，给我的生态系统带来了巨大的压力。海洋生物数量减少，珊瑚礁遭到破坏，海洋生态平衡被打破。人类应该加强海洋保护，减少污染，维护海洋的生态健康。

大地：我是大地。水土流失是当今人类面临的重大问题。虽然它不像洪水那样猛烈，也不像地震那样剧烈，但它却像慢性病一样侵蚀着大地的健康。在中华大地，水土流失的面积已经达到了惊人的267万平方千米，这太令人悲伤了。请人类保护好我吧，阻止水土流失的蔓延。

森林：我是森林。作为地球上最古老、最宝贵的生态系统之一，我们承载着生命的起源和人类的繁荣，我们为人类提供了食物、衣物和住所。然而，随着人类文明的不断发展，我们开始遭受攻击。一棵棵参天大树被砍伐倒下，动物们失去了栖息地，鸟儿们哀鸣，猴子们嚎叫。我们的生态系统受到了严重的破坏。

活动

（1）角色扮演：请学生扮演角色，通过角色的自述强调环境问题的严重性。

（2）想一想：以下哪些行为可取？哪些行为不可取？

评析

通过人类和不同自然资源的自述，以情感化的方式向读者强调地球上自然资源的重要性和环境保护的紧迫性。本次活动呼吁学生认识自然资源的有限性和可持续发展的重要性，鼓励大家采取行动，保护地球上的各种生态系统和资源。只有通过全社会的努力，才能实现地球的可持续发展，让地球成为更加美好的家园。

扩展习题

1. 为了保护环境，我们应该采取以下哪种行动？（　　）

A. 大量浪费水资源　　B. 随意乱扔垃圾

C. 积极进行垃圾分类　　D. 大量消耗电力资源

2. 保护自然环境的重要性体现在以下哪个方面？（　　）

A. 经济发展　　B. 社会稳定　　C. 人民健康　　D. 以上均正确

3. 以下哪种行为对环境保护没有积极作用？（　　）

A. 减少使用一次性塑料制品　　B. 种植更多的树木

C. 排放大量的工业污染物　　D. 利用可持续能源

4. 下列哪项不是爱护自然环境的做法？（　　）

A. 减少浪费资源和能源　　B. 种植更多的植物

C. 随意丢弃垃圾　　D. 提倡可持续发展

5. 在环境保护治理中，什么是“三废”？（　　）

A. 废纸、废塑料、废金属　　B. 废水、废气、废渣

C. 废电池、废灯泡、废家具　　D. 废食品、废药品、废衣物

6. 以下哪项属于《中华人民共和国环境保护法》规定的违法行为？（　　）

A. 随地乱扔垃圾　　B. 种树造林

C. 节约用水　　D. 参与环保志愿者活动

7. 可再生资源是指（　　）。

A. 一次性使用的资源

B. 能够自然再生或经过人为处理后再利用的资源

C. 无法再生的资源

D. 只能通过化学合成才能获得的资源

8. 以下哪种能源属于可再生资源？（　　）

A. 石油　　B. 天然气　　C. 风能　　D. 煤炭

9. 可再生资源的合理利用对环境的影响是（　　）。

A. 增加环境污染　　B. 减少生物多样性

C. 保护环境和生态系统　　D. 加剧气候变化

10. 不可再生资源是指（　　）。

A. 能够自然再生的资源

B. 经过人为处理后可以再利用的资源

C. 只能使用一次的资源

D. 经人类开发利用后，在相当长的时期内不可能再生的自然资源

11. 下列哪种资源属于不可再生资源？（　　）

A. 太阳能　　B. 风能　　C. 煤炭　　D. 水力能

12. 不可再生资源的合理利用是指（　　）。

A. 尽快耗尽资源以满足需求　　B. 延缓资源的消耗速度

C. 完全停止使用不可再生资源　　D. 增加资源开采的规模

答案：CDCCB ABCCD CB

15.“全国消防日”主题班会

本章的主题是宣传《中华人民共和国消防法》，特别是向大家强调消防安全的重要性。消防安全是我们每个人都应该高度重视的事情，因为它关乎我们的生命安全和财产安全。

如果发生火灾，我们该如何应对？如果对消防安全知之甚少，那么我们很可能会陷入无助和危险之中。今天我们将一起学习《中华人民共和国消防法》，了解消防安全的基本知识和应急措施，提高我们的自救自护能力。

保障消防安全是我们每个人的责任。在学校、家庭、社会的各个场所，我们都需要时刻保持警惕，预防火灾的发生。通过本章班会，希望能够加深大家对消防安全的认识，提高火灾防范的意识，掌握应对火灾的基本技能，为自己和身边的人提供更多的保护。

在接下来的班会中，我们将通过宣传片、知识讲解、互动游戏等方式，向大家介绍消防安全的基本知识和应急措施。相信通过本章班会，我们将更加深入地了解消防安全知识，并将这些知识应用到实际生活中，为自己和他人的安全贡献力量。

最后，希望同学们能够积极参与班会活动，认真听讲，积累知识，提高自身的消防安全意识。让我们一起努力，让消防安全成为我们生活的一部分，为创造一个安全、和谐的学习和生活环境而共同努力！

互动交流 1　消防演习活动

活动目的

让学生了解火灾的危险和预防措施；教会学生如何在火灾发生时迅速、有序地疏散；增强学生的消防安全意识和自我保护能力。

活动时间

选择课间时间，确保所有学生和教职工都能参与。

活动准备

提前检查疏散路线，确保所有出口畅通，无障碍物。在疏散路线上设置明显的标识，引导学生疏散。指定老师和工作人员负责指挥疏散、检查人数、提供急救等。使用安全的模拟烟雾，模拟火灾现场。准备消防器材如灭火器、消防毯等，用于演示。

活动流程

（1）预先教育：在演习前一周，通过班会、安全教育课等形式，向学生介绍火灾的危险性、预防措施和疏散知识。

（2）演习前会议：演习当天，召集所有参与人员，明确各自的职责和疏散路线。

（3）火灾模拟：在指定地点释放安全的模拟烟雾，模拟火灾发生。

（4）疏散演习：听到警报后，学生在老师的指导下，用湿毛巾捂住口鼻，弯腰沿着疏散路线快速、有序地撤离到操场。

（5）人数清点：疏散到操场后，各班老师迅速清点人数，确保所有学生安全撤离。

（6）消防知识讲解：消防人员或老师向学生讲解如何使用灭火器、消防毯等消防器材，并进行现场演示。

（7）急救演示：展示基本的急救技能，如人工呼吸、伤口包扎等。

活动总结

演习结束后，对演习过程进行总结，指出需要改进的地方。收集学生和老师的反馈，评估演习的效果。将演习过程中的照片、心得体会等在公众号等新媒体平台上进行宣传。

评析

安全教育要常抓不懈。要将消防安全教育纳入学校的常规教育计划中。定期进行消防演习，确保学生对消防安全知识的持续掌握。通过消防演习活动，学生可以亲身体验火灾发生时的紧急情况，学习如何在火灾中保护自己，提高消防安全意识，减少火灾发生时的伤害。

互动交流 2　火灾自救的重要性

在一个平静的夜晚，小昭和他的家人正在家中休息。突然，一阵浓烟和火光从厨房涌出。发生火灾了！小昭的父母陷入了恐慌，但小昭冷静地思考着应对的方法。他参加过学校的消防安全培训，知道火灾发生时如何自救。

小昭首先让父母趴下，低姿匍匐前进，因为火灾中致命的浓烟和有害气体会迅速上升。他小心翼翼地带领他们找到一个远离火源且暂时相对安全的房间，然后封住门缝和窗户，并用湿毛巾捂住口鼻，以降低吸入有毒烟气的风险。紧接着，小昭拨打了119 火警电话，向消防员报警，告诉他们家里的地址和火灾情况，并且保持电话畅通，以便接受指导和帮助。在等待消防队到来时，小昭开始寻找逃生通道。

但他们发现门口已经被火焰封锁，无法出去，小昭决定遵守“固守待援”的原则。消防员很快赶到了现场，他们将火势控制住并疏散了周围的居民。小昭家虽然受到了一些损失，但他和他的家人都平安无事。

这次火灾经历让小昭深刻地认识到火灾自救的重要性。他决心不仅要保护自己和家人的安全，还要将这份知识传递给更多的人。小昭开始积极参与社区的消防安全宣传活动。他与当地消防队合作，组织了一次消防安全讲座，向居民们普及火灾预防和自救的知识。他分享了自己的亲身经历，并强调了火灾发生时保持冷静的重要性和正确的应对方法。

同时，小昭向同龄人讲解火灾的危害和预防措施，在消防员的指导下演示正确的逃生姿势和使用灭火器的方法。他希望通过教育的力量，让更多的人了解火灾的危害，并掌握自救和互救的技能。

小昭的事迹得到了媒体的报道，他成为宣传消防安全知识的榜样，激励更多的人积极参与火灾预防和应急知识学习。

活 动

（1）请同学们讨论一下：遇到火灾发生，哪些做法是正确的？哪些做法是错误的？

（2）请同学们思考：是否了解消防员的工作性质？未来想做一名消防员吗？为什么？

评 析

让学生掌握火灾预防和自救的知识和技能是非常重要的，它们是在火灾发生时保护自己生命安全的关键。通过适当的自救行为，可以最大限度地减少火灾事故造成的伤亡和财产损失。因此，每个人都应该增强消防安全意识，学习火场自救知识，为自己和他人的安全保驾护航。

互动交流 3 消防安全知识竞赛

活动目的

通过比赛形式激发学生的学习兴趣和参与热情，提高学生的消防安全意识，引导学生掌握基本的消防安全知识和自救互救技能。

活动准备

（1）将 4~6 名学生分成一个小组，完成组队工作。

（2）发放消防知识题库，题目包含消防安全常识、火灾逃生技巧、消防法律法规等，请学生认真阅读。

（3）布置知识竞赛场地，准备抽签箱、抢答器、计时器、计分表等。

活动实施

（1）每组抽签决定组号。

（2）小组成员依次回答问题。正确的加 1 分，错误的不得分。

（3）统计小组得分。按照由高到低的顺序排序，确定一、二、三等奖。

（4）评委点评。

（5）颁发证书及奖品。

活动总结

将获奖名单及活动过程中的照片、心得体会等通过公众号等新媒体平台进行宣传，进一步强化消防安全知识，使其入脑入心。

评析

通过这样的消防安全知识比赛，可以有效地提升学生的消防安全意识，同时提升学生对消防安全知识的学习兴趣和参与度。

互动交流 4 消防安全进社区

活动目的

通过学生的力量，将消防安全知识普及到社区家庭，同时强化学生的消防安全意识。

活动准备

由老师带领学生消防志愿者，在社区工作人员的协助下，选择假期中的一个周末，在社区的活动室开展此项活动。提前准备好消防知识宣传册、灭火器、烟雾模拟器、火盆、木材等演示用品，以及急救包、湿毛巾等应急物资。

活动对象

社区内的居民，特别是老人和儿童。

活动流程

8:30—9:00 进行活动准备，布置场地。

9:00—9:15 开场致辞，介绍活动目的和流程。

9:15—10:00 举行消防安全知识讲座，邀请学生消防志愿者为居民讲解消防安全知识。

10:00—10:45 开展消防器材实操体验，展示灭火器、消防栓等消防器材，并指导居民正确使用。

10:45—11:15 模拟火灾逃生演练，设置模拟火灾场景，组织居民进行逃生演练。

11:15—11:45 进行消防知识有奖竞答，通过有奖问答的形式，检验居民对消防知识的掌握情况。

11:45—12:00 活动总结，颁发小礼品和证书。

活动总结

活动结束后，通过社区网站、公告板等方式发布活动总结。将活动中的照片和心得体会进行展示，进一步宣传消防安全知识。

评析

教育的目的是要“知行合一”。学生通过参与消防志愿者活动，不仅扩大了消防安全宣传普及的范围,而且加深了对消防安全的认识和理解。要将消防安全意识带入社区，提升整个社区的防火安全水平。

扩展习题

1. 在家中使用电热毯时，以下哪个做法是不安全的？（　　）
   A. 在离开床前确保关闭电热毯电源　B. 将电热毯折叠起来放在床上
   C. 定期检查电热毯线路是否损坏　D. 避免将重物压在电热毯上
2. 火灾逃生时，以下哪个行为是不正确的？（　　）
   A. 使用湿毛巾捂住口鼻
   B. 躲在烟雾较少的地方，尽量放低姿势前进
   C. 使用电梯迅速下楼
   D. 沿着安全疏散通道有序撤离
3.《中华人民共和国消防法》的正式生效日期是（　　）。
   A. 1998 年 9 月 1 日　B. 1999 年 8 月 1 日
   C. 2000 年 10 月 1 日　D. 2001 年 9 月 1 日
4. 根据《中华人民共和国消防法》，以下哪个行为是违法的？（　　）
   A. 擅自占用消防通道　B. 定期检查灭火器的有效性
   C. 在指定区域吸烟　D. 在家烹饪食物
5. 根据《中华人民共和国消防法》，公民的基本义务包括（　　）。
   A. 保护消防设施　B. 预防火灾
   C. 报告火警　D. 以上均正确
6. 下列哪个行为可能会引发火灾？（　　）
   A. 定期检查和维护电器设备　B. 正确使用插座
   C. 在室内乱扔烟蒂　D. 确保疏散通道畅通
7. 关于火灾逃生演练，下列哪个做法是不正确的？（　　）
   A. 定期组织火灾逃生演练
   B. 提前向学生和教职员工介绍逃生路线和安全出口
   C. 提供适当的逃生设施和装置
   D. 模拟火灾逃生时，不遵守纪律
8. 在家中安装以下哪种设备可以有效预防火灾？（　　）

A. 烟雾报警器　　B. 微波炉　　C. 洗衣机　　D. 电视机

9. 以下哪种行为是不安全的？（　　）

A. 在炉子上煮饭时不离开厨房　　B. 将燃气罐放在通风良好的地方

C. 将插头插入不合适的插座　　D. 定期清理烟囱和烟道

10. 以下哪项是家庭火灾应急处理的正确步骤？（　　）

A. 拨打紧急电话报警　　B. 使用水扑灭明火

C. 收拾财物　　D. 尝试修复电线故障

答案：BCAAD CDACA

16. “全国交通安全日”主题班会

交通安全是我们每个人都需要关注的重要问题。随着交通工具的普及和交通流量的增加，我们面临着更多的交通安全挑战。因此，了解交通规则、坚持守法行车是我们每个人应尽的义务。

《中华人民共和国道路交通安全法》明确规定了我们在道路上的行为准则和交通规则。遵守这些规定不仅是法律的要求，更是保护自己和他人生命财产安全的基础。

在本章的班会中，我们将会了解一些交通安全的基本知识，如行人过马路的注意事项、驾驶员的安全行车规范以及乘坐公共交通工具的安全常识等。我们也将通过小组讨论和互动游戏的形式，加深对交通规则的理解和记忆。

希望这次主题班会能够唤起大家对交通安全的重视，让每一个同学都成为交通安全的守护者。我们要时刻保持警觉，遵守交通规则，这不仅是为了自己的安全，也是为了他人的安全。

在班会结束后，我们还将组织一些宣传活动，如制作海报、分发宣传册等，将交通安全知识传达给更多的人。希望通过我们的努力，在校园中营造一个安全文明的交通环境。

最后，希望大家能够积极参与本章的班会活动，认真听讲，积极发言，相互学习和分享，让我们的班级成为关注交通安全的典范。让我们一起努力，为创造更加安全的交通环境贡献自己的力量。

互动交流 1　安全出行，从我做起——全国交通安全日宣传活动

活动目标

通过活动让学生了解基本的交通安全知识，教育学生遵守交通规则，提高交通安全意识。

活动准备

宣传交通安全的视频、图片、手册等。“交通安全承诺书”每人发放一份。

活动流程

（1）邀请交通警察或者交通安全志愿者用生动的视频和图片向学生讲解交通安全知识，包括交通信号、标志等。

（2）学生分组进行角色扮演，一组扮演行人，另一组扮演司机，模拟各种过马路的场景。通过游戏让学生体会如何安全过马路。

（3）学生用彩笔在纸上画出自己理解的交通安全场景，如遵守交通信号、安全过马路等。挑选其中的优秀作品进行展示。

（4）一起宣读“交通安全承诺书”，承诺遵守交通规则，安全出行。让每位学生在承诺书上签名，贴在班级公告栏上。

活动总结

将活动过程中的照片、心得体会等在公众号等新媒体平台上进行宣传。

活动

（1）请学生回忆发生在自己身边的关于交通安全的小故事，讲给大家听，并说一下自己的感受和体会。

（2）请学生设计宣传交通安全知识的海报。

评析

交通安全，人命关天。从小培养，方保平安。大力宣传交通安全的法律法规，有助于提高人们的安全意识，减少交通事故的发生，保护生命财产安全。通过教育和普及，让每个人从小就养成遵纪守法的好习惯，共同营造安全、文明、和谐的交通环境。

互动交流 2 交通安全知识竞赛

活动目的

通过竞赛形式激发学生学习交通安全知识的兴趣，提高学生对交通安全法律法规的认识，提高学生的自我保护意识和能力。

活动准备

学生 4~6 人一组，选出 1 人担任队长；组建教师和学生代表共同参与的评委会；制定竞赛规则和评分标准；准备竞赛题目；准备抢答器、计时器、计分表、小奖品等。

活动流程

（1）宣布规则，小组抽签，确定比赛顺序。

（2）小组进行知识答题。必答题：每队回答一组必答题，包括选择题和判断题。正确的得分，错误的不得分。抢答题：设置抢答题环节，各小组随机抢答，正确的得分，错误的扣分。增加竞赛的激烈程度。风险题：每队选择不同分值的风险题进行回答，也可以弃权。正确的得分，错误的扣分。增加竞赛的挑战性。

（3）设置观众答题环节，回答正确的赠送小奖品，增强观众的参与感。

（4）评委对各队表现进行点评，强调交通安全知识的重要性。

（5）根据得分高低，评选出一、二、三等奖和优秀奖，颁发奖状和奖品。

活动总结

将活动过程中的照片、获奖名单等通过校园广播、公众号等方式进行宣传。

评析

通过这样的交通安全知识竞赛活动，有效地提高学生的交通安全意识，让他们在参与和体验中学习交通安全知识，为他们的健康成长打下坚实的基础。

互动交流 3 翻越隔离护栏的危害

为了宣传《中华人民共和国道路交通安全法》，小明和同学小红一起编了个小剧本，在开班会的时候给大家进行表演。

角色分配

小明：中学生，活泼好动，有些鲁莽。

小红：小明的同学，理智且遵守规则。

老师：亲切和蔼，班主任。

交通警察：负责维护交通秩序。

旁白：介绍剧情背景和情境。

话剧内容

第一幕：学校操场

旁白：阳光明媚，小明在学校操场上和同学们玩耍，他总是喜欢挑战规则。

小明：（兴奋地）看我怎么跳过这个障碍！

小红：（担心地）小明，小心点儿，不要受伤了。

小明：（得意地）没事的，看我的！

（小明成功跳过障碍，同学们鼓掌。）

第二幕：学校附近的马路

旁白：放学后，小明和小红走在回家的路上，他们经过一个繁忙的路口，那里有一道隔离护栏。

小明：（不耐烦地）这个路口的红灯怎么这么长啊，我等不及了。

小红：（严肃地）小明，我们要遵守交通规则，耐心等待。

小明：（不屑地）算了，我先过去了，你慢慢等吧。

（小明开始翻越隔离护栏。）

交通警察：（大声喊）那个学生，快下来，这样做很危险！

小明：（惊慌地）啊……

（小明在翻越护栏时失去平衡，差点摔下来，幸好交通警察及时扶住了他。）

交通警察：（严肃地）你知道你刚才的行为有多危险吗？翻越隔离护栏不仅违反交通规则，还可能危及你和他人的生命安全。如果刚好来了一辆车，有可能就撞伤你了。而且司机也可能因为你的莽撞而出现危险。

小明：（羞愧地）我知道错了，我以后再不会这样做了。

第三幕：学校的教室

旁白：第二天，老师在班里举行了一次关于交通安全的主题班会。

老师：（认真地）同学们，今天我们要讨论一个严肃的话题——翻越隔离护栏的危害。

（接着老师播放了一段剪辑的视频，都是翻越隔离护栏时出现意外事故的画面。）

老师：大家对翻越隔离护栏这件事怎么看？有什么感受？

小红：（举手）老师，我昨天亲眼看到小明差点因为翻越护栏而受伤。所以我感觉做这件事的后果很严重。我们要遵守交通规则，这样才能保护自己的安全。

小明：（站起来）老师，我错了。以后我一定会遵守交通规则，不再翻越护栏了。

老师：（点头）很好，小明。我们每个人都要记住，交通安全关系到我们的生命。让我们一起承诺，遵守交通规则，保护自己和他人的安全。

全班同学：（齐声）我们承诺，遵守交通规则，保护自己和他人的安全！

旁白：通过这次事件，小明深刻认识到翻越隔离护栏的危害。他和他的同学都学会了一个道理——遵守交通规则，是对自己和他人生命负责的表现。

评析

道路交通安全教育要采用大家喜闻乐见的形式。小话剧通过小明翻越隔离护栏的事件，展示了翻越护栏的危害，并通过老师的教育和同学们的讨论，强化了遵守交通规则的重要性，旨在提高同学们的交通安全意识。

互动交流 4 红灯停，绿灯行

小白和小展是好朋友，他们每天一起上下学。有一天，放学后他们一起回家，走到了一个非常繁忙的十字路口。红绿灯不断变换，指示着行人和车辆的通行。小白紧张地看着红灯，希望能够尽快过马路，但小展却拉住了他的手，说道：“我们必须遵守交通规则，等绿灯亮起才能过马路。”

小白有些不耐烦地说：“可是我们等了这么久，现在没有车辆了，我们直接穿越马路也没关系吧？”小展却坚定地摇了摇头：“不行，交通规则是为了保护我们的安全，我们必须等待绿灯亮起才能过马路。”

于是，他们静静地站在路口，等待着绿灯亮起。这时，小展开始向小白讲述一些关于交通安全的事例，他提到一次他的朋友因为没有遵守交通规则而发生了交通事故，幸好没有造成严重伤害。小展说：“我们不能因为一时的急躁而忽视了自己的安全。等待绿灯亮起是正确的行为，我们要保护好自己。”

小白听了小展的话后，有些后悔自己之前的不耐烦。他意识到等待绿灯亮起的重要性，这样可以确保他们安全过马路。交通规则不仅是为了保护行人的安全，也是为了保护车辆的安全。

从那天起，小白和小展再也没有心存侥幸在红灯亮着而两边无车时冒险穿马路，他们总是耐心等待绿灯亮起，确保安全过马路。

活动

（1）请同学们讨论：行人走在马路上，容易出现的违反道路交通安全的行为有哪些？你自己有过这样的行为吗？

（2）请同学们思考：如果发现了违反道路交通安全的不良行为，你会怎么做？先在小组内进行分享，之后每个小组选派一名代表，在班级内分享。

评析

遵守“红灯停,绿灯行”的交通规则是每个人的法律义务。无论是行人还是驾驶员，都应该按照交通信号灯的指示行动，以遵守法律和维护社会秩序。希望同学们能遵守交通规则，这样每个人都能在安全保障下有序通行，共同营造安全和谐的交通环境。

扩展习题

1. 在高速公路上行驶时，以下哪种行为是违反《中华人民共和国道路交通安全法》的？（　　）

A. 超速行驶　　B. 在高速公路上倒车、逆行、掉头

C. 拨打、接听电话　　D. 以上均是

2. 以下哪种情况可以超速行驶？（　　）

A. 当交通畅通无阻时　　B. 当时间紧迫需要赶时间时

C. 当天气条件良好时　　D. 当特种车辆执行紧急任务时

3. 以下哪种行为是符合行人交通规则的？（　　）

A. 在斑马线上等待绿灯亮起　　B. 穿越马路时不看红绿灯信号

C. 走斑马线时不注意车辆　　D. 在人行道上跑步，冲撞行人

4. 在夜间行走时，以下哪种行为是正确的？（　　）

A. 不穿反光衣物或使用安全灯　　B. 选择照明不良的路段行走

C. 不注意车辆的行驶方向和距离　　D. 尽量走人行道或人行横道

5. 以下哪种行为是安全的行走方式？（　　）

A. 在马路上随意穿行

B. 穿越马路时低头看手机

C. 注意观察交通情况，过马路走斑马线

D. 在道路边沿行走而不使用人行道

6. 当遇到警车、救护车或消防车等应急车辆开启警灯或警报时，行人应该怎么做？（　　）

A. 忽视应急车辆，继续行走　　B. 加速横穿马路，让应急车辆通过

C. 立即停止行进，在安全位置避让　　D. 不受限制，可以继续行走

7. 根据《中华人民共和国道路交通安全法》，以下哪个年龄段的人不得驾驶机动车？（　　）

A. 25 周岁以下的人　　B. 18 周岁以下的人

C. 20 周岁以下的人　　D. 23 周岁以下的人

8. 行人通过路口或者横过马路时，应当（　　）。

A. 忽略人行横道或者过街设施，随意选择路段

B. 按照交通信号灯的指示通行

C. 忽略交通信号灯，加快步伐通过路口

D. 在没有确认安全的情况下通过

答案：DDADC CBB

后　记

十年树木，百年树人。作为一名深耕青少年成长发展的大学教师，我深刻地认识到，教育的力量是塑造个人、家庭和社会未来的重要基石。我希望能够将多年的教育咨询经验凝结在一本书里面，像一盏灯照亮孩子们成长的道路，引领他们走向光明的未来。

之所以从主题班会设计入手，是因为在学校的教育教学中，班会这个看似简单的形式，实则蕴含着巨大的潜力。它能够通过丰富多彩的体验式活动，培养孩子们的集体意识和良好习惯，促进其身心发展；让孩子们学会团结与合作，学会尊重与理解，学会责任与担当。每一次班会，都是心灵的触碰，情感的交流，都应成为孩子们心中温暖的记忆。

然而，由于缺乏专业的培训，班主任在组织班会时水平各有差异，教育效果难以保证。所以我们将多年来做课程设计的理论基础与实践经验相结合，以“法治教育”为主线，针对不同学段的学生特点，撰写了这本《中小学生法治教育主题班会设计》。本书不仅让班主任在班会设计指导中有了实用的工具，而且丰富了“大思政”课程体系的内容和形式，提升了班主任思政工作的理论与技能水平。希望通过精心设计的班会课程，让孩子们在参与中感受到爱，在体验中感受到温暖，在学习中获得价值提升，最终实现自我教育和自我完善的发展目标。

在此，要感谢所有参与本书编写的专家和教师。其中：我完成了全书的统稿和第一章至第五章的内容撰写；陈亮老师完成了第六章至第十六章的内容撰写。还要感谢万志全教授、苏忠义先生、白雅君先生、陈素云女士、侯燕妮女士在本书编辑出版过程中提供的支持和帮助。感谢博雅学业职业发展研究中心的张小芸老师积极参与本书的资料搜集和文稿校对工作。

让我们携手努力，共同为青少年的生涯发展保驾护航。让每一个生命翩翩起舞。

谷力群

2025 年 5 月于大连